T0329018

PORTRAIT D'UNE ACTRICE

ANDRÉ MAUROIS

PORTRAIT D'UNE ACTRICE

(MRS SIDDONS)

Being an Extract from *Méïpe*

EDITED BY

E. G. LE GRAND

Officier d'Académie

BRADFIELD COLLEGE, BERKS.

WITH A SPECIAL PREFACE BY THE AUTHOR

...But I'll undo
The world by dying; because love dies too.
                                        DONNE

CAMBRIDGE
AT THE UNIVERSITY PRESS
1927

CAMBRIDGE
UNIVERSITY PRESS

University Printing House, Cambridge CB2 8BS, United Kingdom

Cambridge University Press is part of the University of Cambridge.

It furthers the University's mission by disseminating knowledge in the pursuit of education, learning and research at the highest international levels of excellence.

www.cambridge.org
Information on this title: www.cambridge.org/9781107486782

© Cambridge University Press 1927

First published 1927
First paperback edition 2015

A catalogue record for this publication is available from the British Library

ISBN 978-1-107-48678-2 Paperback

PRÉFACE

L'artiste cherche à s'échapper du monde véritable en construisant un monde imaginaire. C'est donc presque toujours un être que la vie réelle ne satisfait pas; s'il y trouvait ce qu'il souhaite, pourquoi éprouverait-il le besoin de créer des vies nouvelles? Mais l'artiste, grâce à son art, est moins malheureux que ne serait à sa place un autre homme; il oublie, il vit avec les personnages de son rêve, il se donne par ses œuvres le bonheur que les événements lui refusent. Aussi arrive-t-il qu'un grand artiste soit dans la vie silencieux, morose, bégayant et presque stupide, si son esprit est ailleurs; sa force lui est nécessaire pour d'autres besognes. Lady Blessington nous apprend que Byron, en conversation, était médiocre, et Anatole France, brillant quand il racontait des anecdotes préparées, était incapable d'improviser.

Ce que nous venons d'écrire est vrai du poète et du romancier; est-ce vrai de l'acteur, qui est un artiste au second degré? Telle était la question que je me posais quand je lus une vie de Mrs Siddons. "Sans doute, me disais-je, un acteur, comme un écrivain, prête à un personnage une partie de lui-même, mais sa vie personnelle est-elle, comme celle de l'auteur, transformée par l'exercice de son art?" L'exemple de Mrs Siddons me montra que la psychologie de l'acteur ressemble beaucoup à celle de l'écrivain.

Pour créer des êtres vivants, un écrivain a besoin d'avoir vécu, d'avoir souffert, d'avoir éprouvé les passions humaines. Mrs Siddons, détestable actrice dans sa jeunesse, qui fut heureuse, devient excellente après un échec qui lui enseigne la douleur. Cette admirable tragédienne qui, sur la scène, trouve de si beaux cris de passion sous le nom de Lady Macbeth ou de la Reine Katharine, elle est dans sa famille une femme tranquille, qui parle du bœuf salé, de la bière, des devoirs ménagers. Quand elle éprouve une grande douleur réelle, par la mort de ses deux filles, elle reste muette, immobile, et paraît presque insensible, et ce n'est qu'au théâtre, en jouant le rôle de Constance, mère malheureuse, qu'elle parvient à exprimer son chagrin et, en l'exprimant, à s'en consoler.

Voilà ce que j'ai souhaité montrer dans ce récit. L'art, en donnant à nos sentiments une forme plus parfaite, nous en délivre. Auteur, acteur, et même lecteur, sont entraînés par lui dans une région plus haute, et les larmes que Mrs Siddons verse, sous le nom de Constance, soulagent à la fois Mrs Siddons et ceux des spectateurs qui, comme elle, ont souffert.

ANDRÉ MAUROIS

CONTENTS

INTRODUCTION

M. ANDRÉ MAUROIS

Lorsqu'après la guerre de 1870–71, l'Alsace devint province allemande, de nombreuses familles aimèrent mieux rentrer en France que de rester sous le joug étranger. Un industriel de Strasbourg quitta sa ville natale, et amenant avec lui tout le personnel de son usine, il vint s'installer en Normandie et rendit à la France une industrie prospère. Au service que cette famille avait rendu au pays, elle devait en ajouter un autre quatorze ans plus tard, en donnant à la France M. André Maurois.

C'est donc en Normandie et en 1885 qu'il est né. De brillantes études et de fréquents voyages en Angleterre le familiarisèrent avec la langue du pays, et lorsqu'en 1914 la guerre éclata, ses connaissances le désignèrent tout de suite pour servir d'interprète entre les troupes françaises et anglaises. Il fut attaché à la 9e division écossaise. A la bataille de Loos M. Maurois reçut le D.C.M., et c'est à ce moment qu'il écrivit *Les Silences du Colonel Bramble*. Ce livre fut immédiatement proclamé l'une des études les plus subtiles et les plus vivantes de la guerre. Le succès qu'il obtint en France et en Angleterre fut tel, les requêtes adressées à l'auteur furent si nombreuses que, la guerre finie, M. Maurois rendit la vie à ses amis écossais dans *Les Discours du Docteur O'Grady*. Ce fut une joie nouvelle pour de nombreux lecteurs.

Puis, parurent successivement *Ni Ange, ni Bête, Les Bourgeois de Witzheim*, les *Dialogues sur le Commande-*

ment, Ariel, qui fut acclamé partout et surtout en Angleterre, comme l'une des œuvres les plus poétiques du temps. L'analyste, le philosophe de *Bramble* se révélait poète. C'est en suivant ces tendances nouvelles que M. Maurois, en artiste qu'il est, a publié *Méïpe, ou la délivrance.* Et c'est de ce dernier ouvrage qu'est extrait le "Portrait d'une Actrice."

MRS SIDDONS

Sarah Kemble ne fut pas une enfant prodige. Alors que Mesdames Ellen Terry et Sarah Bernhardt avaient à l'âge de cinq ou six ans paru sur la scène, produit leur effet, et laissé entrevoir de grandes choses, rien dans la "petite Kemble" ne semblait annoncer qu'elle serait un jour Mrs Siddons, "a name to conjure with," comme on dit communément ici en parlant du théâtre et de ses étoiles.

On raconte même qu'un jour son père, qui était directeur d'une troupe de comédiens ambulants, souvent aux prises avec la mauvaise fortune, voulut "produire" sa petite Sarah sur son théâtre et l'annonça comme une enfant phénomène. L'auditoire ne fut pas de l'avis de l'indulgent et paternel Roger Kemble, si l'on en juge par la sortie déconfite de l'enfant, qui ne savait quelle contenance tenir sous les rires et les huées d'une foule bruyante et désappointée. Sa mère dut même prendre la petite Sarah par la main et la reconduire sur la scène, où elle récita pour la seconde fois une fable qui eut une réception un peu plus favorable.

Elle fut élevée au milieu de la troupe des acteurs de son père, qu'elle suivait de ville en ville, allant à l'école

aux endroits où les recettes permettaient un long
séjour. De cette façon, son éducation ne fut pas trop
négligée. Elle jouait même de temps en temps des
rôles de jeune fille dans les pièces que produisait son
père, mais sans grande conviction. C'est ainsi qu'un
jour, alors qu'elle jouait dans une tragédie avec des
amateurs militaires, elle éclata de rire au passage le plus
dramatique, ce qui causa l'indignation et le désarroi de
messieurs les acteurs militaires qui se prenaient tout à
fait au sérieux. Elle était encore jeune que sa grande
beauté la faisait remarquer partout et de tous; mais
surtout d'un acteur de la troupe de son père, un certain
Siddons, qui s'éprit de Sarah Kemble et qui ne le lui
cacha point. Il fit des déclarations qui ne furent pas
repoussées, et comme, à force de jouer des rôles de
gentilhomme, il se croyait tout à fait homme du
monde, il alla, comme cela se devait, demander à son
père la main de Sarah.

Mr Kemble était mauvais acteur, mais il avait de
l'ambition. Il refusa net les offres du jeune homme et
par mesure de sécurité il lui donna congé. Siddons
s'éloigna, mais le coup fut rude pour Sarah qui, à son
tour, quitta la troupe de son père et se fit lectrice dans
une des grandes familles du Warwickshire.

Son père finit par consentir au mariage, et les jeunes
époux firent du théâtre, et jouèrent ensemble à Wolver-
hampton, à Cheltenham, à Liverpool, et partout la
jolie Mrs Siddons eut une reception sympathique
d'abord, chaleureuse plus tard.

David Garrick la fit venir à Londres, où elle joua
"Portia" du *Marchand de Venise* devant une salle
glaciale. On lui fit comprendre que son heure n'était

pas encore sonnée, et, à son profond désappointement, elle dut retourner en province; à Manchester d'abord, puis à Birmingham, enfin à Bath.

Son talent s'affirmait, sa réputation grandissait, et au bout de quelques années Drury Lane lui ouvrit définitivement ses portes. Elle joua les rôles de: "Isabella," "Euphrasia," "Mrs Montague," "Belvidera," "Jane Shore," etc. devant des auditoires en extase. Son succès fut immédiat, complet, sans précédent. En 1785 elle eut l'honneur de lire *Macbeth* devant Leurs Majestés George III et la Reine Charlotte. Sa carrière artistique ne fut plus, à partir de ce moment, qu'une série de triomphes.

Le 29 juin 1812 elle fit ses adieux à la scène dans le rôle de "Lady Macbeth"; ce fut une des cérémonies les plus touchantes dans les annales du théâtre. Les spectateurs refusèrent d'entendre la fin de la pièce après la sortie de la grande actrice au troisième acte. Elle eut la sagesse de ne plus vouloir paraître sur la scène excepté dans de très rares occasions et seulement pour des œuvres de charité. Elle mourut le 8 juin 1831.

Mrs Siddons eut de son vivant plus de succès qu'aucun autre homme ou femme dans n'importe quelle autre nation et à n'importe quelle époque. Comme tragédienne, et dans les rôles de "Queen Katharine," "Margaret of Anjou," "Lady Randolph," surtout "Lady Macbeth," elle est inimitable. Tout dans ses interprétations était parfait, souvent sublime. Avec un physique exceptionnellement beau, une voix mélodieuse, Mrs Siddons commandait sinon toujours l'affection, du moins et certainement l'admiration.

Le Doctor Johnson, le terrible Doctor Johnson disait d'elle, "She is a prodigious fine woman."

Le peintre Reynolds lui fit un compliment unique quand, sur le tableau qu'il fit d'elle en Muse tragique il signa son nom sur le bas de sa robe, "ne voulant pas, disait-il, perdre l'occasion qui lui était offerte de laisser passer à la postérité son nom écrit sur le bas de la robe de Mrs Siddons."

Horace Walpole écrivit à la Comtesse de Ossory: "She pleased me beyond expectation..." Nombreux furent les témoignages d'admiration qu'elle reçut pendant sa vie, et plus nombreux encore sont ceux qui ont été prodigués depuis sa mort à la plus grande tragédienne de tous les temps.

* * *

Et voilà, plus ou moins, ce que disent les biographes de Mrs Siddons. Les uns ont développé les détails de sa carrière à Londres, d'autres ont écrit des pages nombreuses sur ses pérégrinations en province et à l'étranger; tous ont été unanimes pour dire que Mrs Siddons était une actrice qui pouvait, qui savait pleurer des larmes réelles sur la scène, et en faire verser à une salle toute entière. Tous ont constaté son grand art; mais combien d'entre eux ont cherché quelle pouvait être l'origine ou la cause de ce grand talent?

Il a fallu la plume d'un autre artiste pour mettre au jour, après l'avoir découverte parmi les phrases sèches des historiens, la Grande Douleur, la source des larmes de Mrs Siddons.

Nul autre que M. André Maurois n'a pris la peine de rechercher avec autant de minutie, d'analyser avec autant d'humanité, les sentiments d'une mère après la mort à si bref intervalle de ses deux enfants les plus aimés. Et quand cette mère est une actrice de talent et quand cet écrivain est un homme de cœur, ces deux artistes produisent des chefs-d'œuvre; l'interprétation de la douleur de Constance par Mrs Siddons en est un; le portrait d'une actrice par M. Maurois en est un autre.

E. G. Le G.

BRADFIELD COLLEGE
Le 8 octobre 1927

Portrait d'une Actrice

...But I'll undo
The world by dying; because love dies too.
DONNE

I

Vers le milieu du XVIIIe siècle, les troupes de comédiens ambulants qui parcouraient les campagnes anglaises, jouant Shakespeare dans les cours des auberges ou sur la terre battue des granges, menaient presque toutes une existence misérable et dégradante. Les puritains, encore nombreux, affichaient à l'entrée de leurs villages : "Ici on ne tolère ni singes, ni marionnettes, ni comédiens." Sans doute reprochaient-ils au théâtre, comme le grand évêque papiste, de représenter les passions sous des dehors trop aimables.

Mais la profession n'est qu'un accident, et la dignité véritable ne saurait être diminuée par des circonstances extérieures. Bien que Mr Roger Kemble fût le très humble directeur d'une de ces troupes d'acteurs vagabonds, il avait les manières simples et grandes, l'austère aisance d'un Lord Chancelier. On ne pouvait rien imaginer de plus noble que son visage. Des sourcils parfaitement arqués surmontaient les yeux très vifs, la bouche était petite et bien dessinée, le nez surtout admirable. Par un mélange assez rare, et dosé avec un art infini, la ligne en était droite et pure, afin de ne pas altérer l'harmonie majestueuse des traits, tandis que le bout, imperceptiblement trop long, trop charnu, ajoutait à la physionomie quelque chose de fort et de personnel. Ce nez était un nez de famille, héréditaire et subtil, et les amis des Kemble avaient le sentiment confus d'y trouver un symbole satisfaisant.

Mrs Kemble était, comme son mari, très belle et très imposante. Sa voix énergique et douce semblait faite pour la tragédie; elle-même avait été créée par un Démiurge prévoyant pour jouer les mères romaines et les reines de Shakespeare. Quand un soir elle accoucha d'une fille après une représentation d'*Henry VIII*, drame qui se termine, comme on sait, par la naissance d'Élisabeth, toute la troupe eut le sentiment qu'une princesse venait de naître. A la ville comme à la scène, il y avait dans le couple Kemble quelque chose de royal.

Leur fille Sarah hérita de la beauté de ses parents et fut élevée par eux avec une sage austérité. Sa mère lui apprit à bien lire, en articulant chaque syllabe, et à savoir la Bible par cœur. Le soir, on lui confiait des petits rôles, comme Ariel de *la Tempête*, et on la chargeait de frapper le chandelier avec les mouchettes pour imiter, suivant les spectacles, le bruit du moulin ou celui de l'orage. Le matin, les passants apercevaient aux fenêtres des auberges un admirable visage d'enfant, enfoncé dans un gros livre qui était le *Paradis Perdu*. Les sombres tableaux du grand puritain, ses immenses paysages lyriques, enchantaient un esprit parfaitement religieux et naturellement avide de sublime. Lisant et relisant le passage où Satan, au bord d'un océan de flammes, appelle à lui ses Légions Infernales, elle éprouvait pour le bel ange maudit une tendre compassion.

Mr et Mrs Kemble étaient résolus à ce que leurs enfants ne devinssent pas comédiens. Ils avaient pour la respectabilité un goût presque douloureux, et souffraient du mépris où tant de gens tenaient injustement leur métier. Aussi Mr Kemble, qui était catholique, avait-il envoyé son fils John en France, au séminaire de Douai, pour faire de lui un prêtre. Quant à Sarah, il espérait que sa beauté lui permettrait d'échapper à la scène par un riche mariage.

En effet, elle avait à peine seize ans, et les épaules encore anguleuses, quand le fils d'un riche propriétaire, l'ayant entendu chanter, devint amoureux d'elle et demanda sa main. Mr Kemble accueillit avec complaisance un projet qui répondait si bien à ses désirs, et l'assiduité du prétendant, encouragée par le père, fut tolérée par la fille. Mr Siddons, jeune premier de la troupe, parut en souffrir.

C'était un acteur sans talent qui, comme tous les comédiens et comme presque tous les hommes, se croyait indispensable. Il avait la fatuité nécessaire et naturelle à son emploi, regardait avec une admiration grandissante se former auprès de lui une belle et sage personne, et faisait à Sarah Kemble, sous le couvert du travail en commun, une cour respectueuse.

Se voyant en si grand danger de la perdre, il trouva le courage de demander un entretien à son directeur et de lui avouer ses sentiments. Mr Kemble répondit, avec une hauteur toute royale, que sa fille n'épouserait jamais un acteur, et, pour plus de sûreté, congédia l'audacieux. D'ailleurs, étant honnête homme, et mettant, ainsi qu'il sied, les usages de la profession au-dessus de ses craintes personnelles, il offrit de

donner, avant le départ, un "bénéfice" au profit de
l'amoureux évincé.

Là se produisit un incident pénible. Siddons, à la
fin du spectacle, demanda à revenir en scène pour faire
ses adieux au public. Il sortit de sa poche un manuscrit
et commença la lecture d'un à-propos en vers qu'il
avait composé pour raconter aux spectateurs l'injuste
fin de ses amours. Les sensibilités de petites villes sont
avides d'exercice et les applaudissements furent vifs.
Quand l'acteur rentra dans les coulisses, Mrs Kemble,
de sa belle et forte main, lui donna deux vigoureux
soufflets; elle méprisait de son cœur un jeune homme
qui jouait faux et qui articulait mal.

Sarah Kemble, jusqu'à ce moment, était restée
spectatrice, en apparence impartiale, d'un conflit dont
elle était l'objet. Elle était bien jeune pour vouloir
fortement. Mais toute la tradition théâtrale l'inclinait
vers un amant malheureux. Émue par un traitement si
dur, un peu honteuse peut-être de la conduite de ses
parents, elle jura qu'elle n'épouserait que la victime.
Son père essaya de l'éloigner pendant quelque temps
de la scène, et la plaça comme lectrice dans une famille
du voisinage. Puis il pensa qu'elle était une Kemble.
Avec sa beauté céleste et régulière, elle avait le nez de
la famille, le nez volontaire et vigoureux. Il craignit un
mariage clandestin.

— Je t'avais défendu, lui dit-il, d'épouser jamais un
acteur. Tu ne me désobéis pas, car tu épouses un
homme de qui le Diable lui-même ne ferait pas un
acteur.

II

Un an plus tard, le nom de Mrs Siddons n'était déjà
plus tout à fait inconnu dans les comtés du Sud de
l'Angleterre. On ne trouvait pas souvent, dans une
troupe errante, une beauté aussi parfaite. La sévérité
de ses manières, la solidité de sa vertu mêlaient le
respect à l'admiration. Ceux qui l'avaient approchée
décrivaient sa vie laborieuse. Elle passait la matinée à
laver ou à repasser le linge, à préparer le repas de son
mari, à s'occuper de l'enfant qui lui était né. L'après-
midi, elle apprenait ses rôles nouveaux; le soir, elle
jouait, et souvent, en rentrant, après le théâtre, achevait
encore sa lessive.

Ce mélange de vertu bourgeoise et de talents poétiques plaisait infiniment au public anglais. L'usage, en
ce temps-là dans les petites villes, était que les acteurs
allassent, de maison en maison, prier humblement les
habitants d'assister à leur bénéfice. Mrs Siddons recevait toujours un accueil enthousiaste.

— Ah! lui disaient les vieux amateurs, une actrice de
votre talent ne devrait pas courir les provinces!

Tel était bien aussi l'avis de la charmante Sarah
Siddons qui se sentait, malgré sa jeunesse, parfaitement
maîtresse de son art. "Tous les rôles sont faciles, disait-
elle, ce n'est qu'une question de mémoire." Cependant,
quand un soir, elle étudia pour la première fois celui
de Lady Macbeth, elle remonta dans sa chambre,
rêveuse et épouvantée. Ce caractère lui paraissait d'une
incompréhensible méchanceté. Elle se sentait si peu
capable de faire du mal. Elle aimait son mari, d'une
affection un peu supérieure de fille de directeur et de

comédienne plus brillante. Elle adorait son enfant. Elle aimait Dieu, ses parents, ses camarades, les beaux villages anglais aux toits de chaume soigneusement coupés. Elle aimait son travail, son métier, les planches. Sa Lady Macbeth fut idyllique.

Un soir dans un petit théâtre de ville d'eaux, l'Honorable Miss Boyle, femme fort à la mode, découvrit la troupe Siddons et fut charmée par la débutante. Elle lui rendit visite, lui donna des conseils, lui fit présent de robes. En sortant elle dit à Mr Siddons que sa femme devrait être à Londres, et promit d'en parler à Garrick lui-même, qui, acteur et directeur, exerçait alors dans le monde des théâtres un pouvoir légitime et souverain. Mr Siddons fut bien heureux d'entendre ainsi louer sa femme par une personne de qualité de qui le rang lui garantissait le bon goût. Il répéta le compliment à la jeune actrice qui, assez mélancoliquement, avait repris ses travaux de couture.

— Vous voyez, murmura-t-elle ; tout le monde le dit ; je devrais être à Londres.

— Oui, répliqua Siddons, pensif, nous devrions être à Londres.

Pendant quelques semaines, elle espéra voir arriver le grand Garrick lui-même qui l'eût prise par la main et enlevée dans sa voiture, en lui offrant les plus beaux rôles. Rien ne vint. Sans doute les promesses de Miss Boyle n'avaient-elles été, comme si souvent les promesses de gens de qualité, que mots aimables dits en passant.

— D'ailleurs, pensait-elle, découragée, si même Miss Boyle a parlé à Garrick, que lui importe, à lui tout-puissant, une actrice de plus ou de moins ?

Ainsi la jeunesse, passant toujours de l'excès de
confiance à l'excès de scepticisme, croit tantôt que les
ressorts du monde marchent aussi vite que ses propres
désirs, tantôt qu'ils ne marchent plus du tout. La vérité
est qu'ils se meuvent avec une lente et mystérieuse
sûreté, et que les effets de leurs mouvements apparaissent quand nous avons oublié déjà comment ils ont été
déclanchés. Miss Boyle avait parlé à Garrick et Garrick
l'avait écoutée avec un très grand intérêt. Il avait chez
lui des comédiennes excellentes, mais leurs exigences
étaient proportionnelles à leurs talents et, comme elles
devenaient ingouvernables, il rêvait de constituer une
réserve de jeunes femmes, prête à remplacer la vieille
garde si celle-ci se mutinait.

Quelques mois après cette scène un envoyé spécial
rejoignit Mrs Siddons à Liverpool et l'engagea pour
une saison. Elle dût attendre pour partir la naissance
d'une fille, puis, dès que le voyage fut possible, la
famille prit la diligence pour Londres. Bercée par les
cahots de la route, la belle jeune femme tomba vite dans
une agréable rêverie. Elle avait vingt ans et elle allait
débuter sur la plus grande scène anglaise aux côtés du
plus grand acteur de tous les temps. Son bonheur était
complet.

*   *   *

Le théâtre de Drury Lane, sur lequel régnait l'illustre
Garrick, était loin de ressembler à ceux qu'avait connus
jusqu'à ce jour Mrs Siddons. Il y avait dans le ton de
la maison des résonnances religieuses. Garrick se tenait
à l'écart de sa troupe qu'il traitait avec une politesse
exacte et hautaine. Dans les couloirs où l'on ne parlait

qu'à voix basse, on voyait passer le Docteur Johnson, auquel les comédiennes faisaient la révérence.

Mrs Siddons eut toutes raisons d'être contente de l'accueil du maître. Il la trouva ravissante et le lui dit, demanda quels étaient ses rôles préférés, la pria de réciter une scène. Elle choisit *Rosalinde*; son mari lui donna la réplique.

"*L'amour n'est qu'une folie, et mérite comme les fous un cachot noir et le fouet, mais on le laisse en liberté; car cette folie est si commune que les gardiens eux-mêmes sont amoureux. Cependant je fais métier....*"

Ainsi discourait la charmante Siddons. "Diable! Diable! pensait Garrick. Ces imbéciles ont fait mauvaise chasse. La moindre de mes 'doublures' avec vingt ans de plus et beaucoup moins de beauté...Rosalinde! Il s'en faut d'un amant, au moins! Ah! que tout cela est fâcheux."

Il la remercia avec bienveillance et lui conseilla pour ses débuts la Portia du *Marchand de Venise*, rôle froid dont l'éloquence pure pouvait convenir à cette jeune maladresse.

Le lendemain soir, comme il jouait le Roi Lear, il offrit aux Siddons sa propre loge, et après le spectacle les fit venir pour jouir de leurs impressions. Malgré trente ans de gloire et de flatteries, l'étonnement et l'admiration de ceux qui le voyaient pour la première fois formaient un spectacle sur lequel il n'était pas encore blasé.

Mrs Siddons était à la lettre anéantie par l'émotion. Au moment où le vieillard, échevelé, terrible, avait prononcé la malédiction, elle avait pu voir le public se pencher en arrière d'un seul mouvement comme les moissons sous le vent.

Dans les coulisses, elle retrouva, surprise, ce petit homme élégant et souple qui venait d'être la Douleur. Content de cette stupeur muette, il prodigua ses tours avec complaisance. La mobilité de ses traits était incroyable. Il modelait son visage comme une pâte. On racontait que Hogarth n'ayant pu achever le portrait de Fielding avant la mort de celui-ci, Garrick, après un peu d'étude, était allé poser pour le disparu, à la parfaite satisfaction du peintre. Devant le cercle admiratif au centre duquel était Mrs Siddons, il fut soudain Macbeth revenant, après le meurtre, de la chambre de Duncan; puis, sans transition, un petit pâtissier qui se promène en sifflant, une corbeille sur la tête; puis il recula de telle façon qu'aussitôt tous les assistants crurent voir le spectre du vieux Roi se dresser parmi les brumes d'Elseneur.

— Quoi? dit Siddons, écrasé. Sans décor... Sans partenaires....

— Mon ami, dit le grand petit homme, si vous ne pouvez faire la cour à une table aussi bien qu'à la plus jolie femme du monde, vous ne serez jamais un acteur.

Ce soir-là, Mrs Siddons comprit pour la première fois que peut-être elle-même n'était pas encore une actrice. Les répétitions achevèrent de l'inquiéter. Garrick exigeait qu'on eût médité les moindres gestes et les plus légers accents. Beaucoup d'acteurs rédigeaient des notes sur les caractères de leurs personnages. Le maître retouchait les siens à chaque représentation comme un grand peintre ne peut voir ses toiles sans leur donner un coup de pinceau. Son Macbeth, à la fois courageux et déprimé, était un chef-d'œuvre de nuances. Mrs Siddons n'était pas formée pour ce travail et n'était pas capable de le faire. Cependant, se souvenant de ses succès de tournée, complimentée par tous sur sa beauté, elle garda bravement confiance.

Enfin on afficha *le Marchand de Venise*, pour les débuts d'une inconnue. Le public vit entrer une Portia très pâle, habillée d'une robe saumon démodée, si tremblante qu'elle pouvait à peine marcher. Au début des répliques, sa voix, très haute, détonnait. A la fin de chaque phrase, elle descendait jusqu'à une sorte de murmure.

Le lendemain, les gazettes furent sévères. Mr Siddons, impitoyable, en donna lecture à sa femme. L'acteur malheureux marquait les points contre une rivale domestique. Cependant, Mrs Siddons se refusait à reconnaître la gravité de son échec. Son enthousiasme et sa confiance avaient été si hauts qu'elle n'en voulait plus descendre. Elle quêtait dans les regards des éloges même modérés et beaucoup eussent été tentés de les accorder à une personne si belle. Mais elle était vraiment trop mauvaise, et les yeux se détournaient.

A la fin de la saison, son engagement ne fut pas renouvelé. Garrick, en lui faisant ses adieux, lui dit de ne pas perdre courage. "Attention à vos bras! ajouta-t-il. Dans la tragédie, un mouvement ne doit jamais partir que du coude."

III

"Le succès endort, l'échec exalte." Mrs Siddons n'avait passé à Londres que six mois, mais elle en sortait transformée. Elle y était venue insouciante et glorieuse; elle partait ardente et humiliée. Elle ne pouvait s'empêcher de garder rancune à ses belles et jalouses rivales. Quand elle se trouvait au milieu d'amis parfaitement dévoués, il lui arrivait de raconter qu'avec la complicité inconsciente de Garrick, les trois reines de Drury Lane avaient essayé d'étouffer son talent. Son amour-propre trouvait consolation à suggérer à l'opinion amie des excuses que lui-même rejetait; au fond de son cœur, elle savait que la défaite était méritée. Pour un esprit bien né, le spectacle de la perfection suffit à la faire reconnaître. En ces femmes qu'elle détestait, Mrs Siddons avait admiré la science du théâtre, la grâce des manières, l'art du costume. Elle savait que tout était à bâtir. Elle pensa: "Je bâtirai."

Si complet que fut l'échec, il ne la condamnait plus à la terre battue des granges villageoises. Une défaite à Drury Lane devenait titre de gloire à Manchester. On fut heureux d'accueillir Mrs Siddons dans les grands théâtres de province. Son mari lui-même y put tenir des rôles adaptés aux talents que le ciel lui avait si prudemment mesurés.

Bientôt le frère de Mrs Siddons, John Kemble, les rejoignit. Il s'était enfui du séminaire de Douai, se sentant trop acteur pour la prêtrise. Ses maîtres l'avaient ramené à ses goûts héréditaires en lui faisant, pendant les repas, lire les vies des Saints de sa belle voix de Kemble. Observant qu'à l'église, il ne pouvait entendre un prédicateur sans murmurer malgré lui : "Quel rôle," il avait reconnu à n'en point douter que sa vocation était ailleurs. De son séjour au séminaire, il emportait la connaissance du latin, de l'histoire ancienne et ecclésiastique, et les manières d'un homme du monde.

Mrs Siddons prit plaisir et profit à travailler ses rôles avec lui. Chemin faisant, il lui apprit l'histoire. Tout un décor solide et pittoresque surgit autour des textes ranimés. Elle fut surprise de trouver dans ses sentiments, dans ses souvenirs, des matériaux nouveaux et précieux. Qu'il devenait facile de construire une Lady Macbeth avec de l'ambition déçue, un peu de mépris pour le faible Siddons, un amour maternel exigeant et fort. Il semblait que les grandes ombres tragiques, comme celles du pays des Cimmériens, eussent retrouvé force et parole en buvant le sang noir des sacrifices.

Le succès, honnête compagnon, suivait fidèlement les progrès de l'actrice. Dans les villes qui faisaient partie de sa tournée, sa légende se formait. On racontait qu'elle emmenait partout avec elle ses beaux enfants. Par un grand souci de décence, et bien que ses jambes fussent parfaites, elle ne jouait les rôles travestis qu'enveloppée dans une grande cape. On aimait que cette angélique beauté fût alliée à tant de chasteté. Les plaisirs du théâtre se trouvaient comme sanctifiés par les vertus privées de la comédienne, et les inflexions ecclésiastiques qu'avait conservées la voix de John complétaient la rassurante, l'agréable ambiguïté.

Mille aventures divertissantes animaient cette vie studieuse et simple. Dans beaucoup de villes des amis attendaient leur passage avec impatience. Il y avait des auberges pittoresques comme celle de l'Ours Noir à Devizes, où l'Hôtelier Lawrence recevait ses clients un Shakespeare sous le bras et offrait, avant de leur montrer une chambre, soit de leur lire des vers, soit de faire dessiner leur profil par son fils Thomas, âgé de dix ans, qui saisissait toutes ressemblances. Mrs Siddons aimait à voir ce bel enfant qui avait fait d'elle quelques crayons excellents et le petit Lawrence demandait souvent à son père quand passerait la "plus belle des ladies."

*   *   *

Bientôt le succès de Mrs Siddons fut si grand qu'elle fut engagée pour jouer à Bath. C'était le temps où cette délicieuse ville d'eaux était habitée par tout ce que l'Angleterre comptait de plus brillant. Sous les colonnades corinthiennes de ses belles places circulaires se formaient des gloires locales qui, par la qualité du public, devenaient bientôt des gloires nationales. Pendant les premiers jours, Mrs Siddons craignit que ne recommençât l'aventure de Londres. Les bons rôles de comédie appartenaient aux artistes déjà enracinées dans ce théâtre; on lui laissait la tragédie qui se jouait le jeudi devant des salles vides, l'usage étant ce jour-là d'aller au bal avec cotillon.

Mais, quelques semaines plus tard, survint un événement qui fut dans la tranquille histoire de Bath comme un nouveau gouvernement à Londres: Une mode changea. Il devint de bon ton le jeudi d'aller voir Mrs Siddons jouer *Shakespeare*. Vers le même temps il devint élégant de commander le portrait de ceux que l'on aimait au jeune peintre Thomas Lawrence qui était venu, lui aussi, chercher fortune et gloire à Bath.

Sa beauté et son talent n'avaient fait l'un et l'autre que grandir. Il avait à douze ans tous les charmes et tous les défauts de sa précocité. Son adresse de dessinateur, sa facilité de coloriste tenaient du miracle.

Cet adolescent que toute la ville choyait et admirait à plaisir, admirait, lui, Mrs Siddons. Un sentiment confus et tendre le ramenait dans le jour vers la maison, le soir vers la loge de la jeune actrice. Parmi tant de visages de femmes dont ses crayons cernaient le contour d'un trait léger et précis, celui-là était le seul qui lui plût vraiment. Il aimait, mieux que tout au monde, un certain velouté de la forme, un éclat des yeux, une pureté de la ligne qu'il trouvait en elle, et en elle seule. Mrs Siddons était plus belle que jamais; une chair robuste avait entouré de courbes douces et pleines ce corps jadis un peu frêle. Lawrence ne se lassait pas de la regarder. Il aimait à rôder au théâtre parmi ses robes, à respirer l'air chargé de son parfum, et Mrs Siddons, si peu coquette, se permettait la coquetterie maternelle et protectrice de laisser vivre cet enfant de génie dans le rayonnement de sa beauté.

Elle passa là des années charmantes. Elle s'était acquis des amis distingués qui lui étaient tout dévoués et qui suivaient avec intelligence ses efforts. Ses filles grandissaient et promettaient d'être aussi belles que leur mère. Quant à Mr Siddons, il ne jouait plus la comédie, mais s'était fait l'administrateur du talent de sa femme dont, entre amis, après le porto, il critiquait parfois le jeu avec un curieux mélange d'admiration intéressée et de pénétrante amertume.

Mais la gloire oblige; Londres la rappela. Le souci de l'avenir de sa famille ne lui permit pas de rejeter des offres trop belles; les adieux de son public furent émouvants. Elle dut revenir sur la scène au milieu de ses trois enfants; ce fut une cérémonie attendrissante et un peu solennelle, comme celle qui en était l'héroïne. Le jeune Lawrence, entre autres, la vit partir avec tristesse et se promit d'aller à Londres le plus tôt possible.

IV

Bien qu'elle y revînt dans des circonstances toutes différentes de ses premiers débuts, Drury Lane effrayait Mrs Siddons. Elle se demandait si sa voix pourrait remplir cette salle immense et se repentait d'avoir quitté une ville où tout le monde l'aimait. Plus la date de la représentation approchait, plus elle se sentait inquiète. Le jour venu, avant d'aller au théâtre, elle pria longuement. Elle voulut que son vénérable père, venu tout exprès de province, l'accompagnât jusqu'à sa loge; elle s'habilla dans un silence si profond, dans un calme si tragique, qu'elle effraya les habilleuses.

Dès le premier acte, les applaudissements, les larmes des spectateurs la rassurèrent. Les hommes admiraient ses grands yeux de velours, ses longs cils sombres et recourbés, le modelé parfait des joues et du menton, la forme noble et pleine de la gorge. "Voici, disait l'un d'eux, le plus bel échantillon de l'espèce humaine que j'aie jamais vu." La perfection de son jeu ne les étonnait pas moins. Une sorte de tendre enthousiasme s'empara du public tout entier. Ce fut une de ces soirées presque divines, où le délicieux bonheur d'admirer éloigne des âmes pour quelques heures tous les sentiments bas et vulgaires.

Elle rentra chez elle épuisée de fatigue. Sa joie et sa reconnaissance étaient telles qu'elle ne pouvait parler ni même pleurer. Elle remercia Dieu, puis, avec son vieux père et son mari, partagea un souper frugal. Le silence était presque complet. Parfois Mr Siddons laissait échapper une sourde exclamation de joie; parfois, le vieux Mr Kemble posait sa fourchette et, rejetant en arrière, par un beau jeu de scène, ses cheveux blancs, joignait les mains et pleurait. Bientôt ils se séparèrent pour la nuit. Mrs Siddons, après une heure de réflexion et d'actions de grâces, tomba dans un sommeil agréable et profond qui dura jusqu'au milieu du jour suivant.

Les spectacles qui suivirent prouvèrent aux connaisseurs que l'actrice nouvelle possédait toutes les ressources de son métier.

Comme à Bath, la mode devint d'aller voir la jeune tragédienne et de pleurer en l'écoutant. Des yeux qui n'avaient pas pleuré depuis quarante ans trouvèrent soudain des larmes véritables dès que la mode en fut établie. Le roi et la reine venaient présider en pleurant aux plaisirs tragiques de leurs sujets; l'opposition pleurait au parterre; le sceptique Sheridan essuyait ses yeux; les gens de théâtre eux-mêmes s'y laissaient prendre. Deux vieux comédiens se disaient l'un à l'autre: "Cher ami, suis-je aussi pâle que vous?" Les yeux secs étaient bien méprisés.

Les gens du monde éprouvèrent naturellement une grande curiosité et souhaitèrent voir de plus près une personne qui avait pris soudain une place si grande dans leur vie. Elle refusa les invitations, ne prenant plaisir qu'à l'étude de ses rôles et à la vie de famille. Quand par hasard elle cédait, elle voyait les salons se remplir d'une foule d'inconnus qui se pressaient autour du divan sur lequel elle était assise, presque toujours silencieuse et dans une attitude pensive.

La famille royale lui fit grand accueil. Le Prince de Galles, libertin notoire, la traita avec respect. Il était impossible de la voir sans comprendre que les passions s'attaquaient en vain à cette âme parfaitement maîtresse

d'elle-même. "Mrs Siddons? disait un roué. Je son-
gerais plutôt à parler d'amour à l'archevêque de Canter-
bury." Il était vrai que c'était là un sujet auquel elle
ne pensait jamais. Bien qu'elle eût pris l'habitude
d'écarter Mr Siddons de sa vie sentimentale, elle
n'avait jamais éprouvé le besoin de l'y remplacer. En
dehors du théâtre et de ses rôles, il semblait que ses
deux seuls sujets d'intérêt fussent ses enfants et sa
nourriture. Elle trouvait des accents vraiment émus
pour parler du pain noir de Langford et d'un certain
jambon qu'on ne trouvait qu'à Bath. Au Prévôt
d'Édimbourg qui, dans un dîner offert au cours d'une
tournée triomphale, lui demandait avec inquiétude si
elle ne trouvait pas le bœuf trop salé, elle répondait de
sa voix la plus tragique: "Jamais trop salé pour moi,
My Lord!" Au valet qui la servait, d'un ton digne de
Lady Macbeth, elle adressait ce vers improvisé: "Vous
m'apportez de l'eau, garçon, j'avais dit: bière."

Ses ennemis ne laissaient pas de souligner le léger
comique de cette solennité dans le familier qui lui était
devenue si naturelle. Mr Siddons citait volontiers un
distique impertinent:

> Elle charme les yeux par sa vaste beauté
> Mais la crainte au bonheur se mêle.

Mr Siddons était injuste. Sa femme se montrait
capable d'aimer avec beaucoup d'affection et de simplicité les amis qu'elle avait choisis. Pendant les années
qui suivirent, et où son succès ne cessa de grandir, elle
réunit autour d'elle tout ce qu'il y avait de meilleur dans
l'Angleterre de son temps. Le peintre Reynolds, des
hommes d'État comme Burke et Fox, le terrible Dr

Johnson lui-même, l'aimaient pour la sûreté de son commerce et l'estimaient pour la dignité de sa vie. Quand on se permettait de sourire de la majestueuse froideur de leur amie: "C'est, disaient-ils, qu'elle réserve pour son art toutes les forces de sa sensibilité."

Jugement à demi exact seulement. La mère l'emportait sur l'actrice. Son affection pour ses enfants, sans être bruyante, ni sentimentale, était le grand fil directeur de sa vie.

Ses filles Sally et Maria eurent, grâce à elle, une enfance agréable. Elles sentaient autour d'elles un prestige tout-puissant qu'elles acceptaient sans le comprendre. Des comédiens, des hommes de lettres, des princes leur apportaient des cadeaux. Parmi les visiteurs préférés était le jeune Mr Thomas Lawrence qui avait quitté Bath pour Londres.

Il était devenu très beau. Les jolies femmes, ses modèles, aimaient à voir, quand il peignait, ses longues boucles brunes tomber sur son visage parfait. Elles aimaient aussi le ton mystérieux qu'il savait prendre pour dire des riens. Cela donnait à ses propos un air d'intimité qui occupait leur ennui. Il était très doux et leur faisait sur leur personne les plus jolis compliments du monde; il avait de nombreuses aventures, gagnait beaucoup d'argent, en dépensait davantage. La sage, la chaste, la pieuse Mrs Siddons avait pour lui une indulgence infinie. Peut-être lui gardait-elle une inconsciente reconnaissance pour la voluptueuse et discrète dévotion qu'il avait toujours montrée pour sa beauté. Parfois, en le regardant, et en écoutant ce qu'on disait de lui, elle pensait au bel ange déchu de Milton qui avait étonné son enfance.

Les hommes étaient moins indulgents. Beaucoup lui reprochaient ses manières étudiées, dont l'excessive correction sentait le parvenu. Un sourire perpétuel, et comme émaillé sur le visage, agaçait les Anglais de bonne race, toujours un peu secs. "Il ne peut jamais, disaient-ils, être un gentleman plus de trois heures de suite." La perfection polie de ses portraits leur semblait de même qualité. Comme les filles qui, belles trop jeunes et courtisées avant que de sentir, deviennent des coquettes lasses et dangereuses, l'enfant prodige passe sa vie à coqueter avec son art. Il sait le jeu des moyens d'expression avant d'avoir rien à exprimer. Le public, amusé par le contraste de la jeunesse et de la maîtrise, exige l'exercice constant d'une habileté toute de forme. L'artiste-enfant, occupé par une activité trop productrice, ne fait pas l'apprentissage de la vie. Bientôt il exerce son adresse dans le vide. Le caractère s'en trouve déformé. La facilité des succès ne laisse pas le temps aux passions d'atteindre les profondeurs de l'âme. Un orgueil tyrannique se répand dans ces souterrains qu'elles seules devraient occuper.

En ce temps-là, Lawrence était trop jeune pour qu'on pût observer chez lui des effets aussi pénétrants. Pourtant, quand les femmes ravies louaient la grâce de ses pastels, quelques vieux amateurs grincheux murmuraient: "Il ne peint que l'enveloppe."

Il passait presque tous ses moments de liberté dans la maison des Siddons où il était le compagnon favori des deux petites filles. Il leur racontait des histoires et faisait pour elles des croquis. Sa grande courtoisie flattait leur amour-propre de fillettes. "Vraiment, pensaient-elles, il n'y a rien au monde de plus admirable que Mr Lawrence."

En 1790, sur les conseils de John Kemble, qui avait conservé un bon souvenir de son éducation française, Sally et Maria furent envoyées à Calais pour y achever leurs études. Quelques pessimistes disaient alors que la France était en révolution, mais des diplomates, amis de Mrs Siddons, affirmèrent que ces mouvements n'avaient aucune importance.

V

Les premières têtes étant tombées, et quelques Anglais particulièrement bien informés des choses de l'étranger leur ayant dit que la comique agitation des Français menaçait de devenir sanglante, Mr et Mrs Siddons traversèrent le détroit et ramenèrent leurs filles à la maison. Tandis que Paris allait, suivant une courbe inflexible, de Mirabeau à Robespierre, ces enfants étaient devenues des femmes.

Sally, à dix-huit ans, avait hérité de toute la beauté de sa mère, de ses traits réguliers, du nez Kemble, des yeux de velours bruns, et surtout de cet air incomparable de fermeté et de douceur qui donnait à la grâce de Mrs Siddons quelque chose de si attachant. Maria n'avait que le charme anguleux et sauvage des quatorze ans, mais les plus beaux yeux du monde et une incroyable vivacité. Toutes deux étaient de santé fragile, ce qui inquiétait leur mère, les maladies de poitrine étant fréquentes dans la famille de son mari.

Elles retrouvèrent la maison pleine comme jadis de princes et d'artistes : Lawrence vint tout de suite voir ses amies. La beauté de Sally le transporta ; il y retrouvait cette perfection unique de la ligne et du modelé à laquelle il était si sensible, et qui l'avait tant ému en Mrs Siddons quand celle-ci avait vingt ans. Il passa des soirées entières à la regarder avec ravissement. Elle-même avait senti renaître son admiration d'autrefois. Dès qu'il lui demanda de l'épouser, elle accepta joyeusement. C'était une enfant sans détours, sérieuse et bonne, et elle n'eut pas approuvé les comédies d'hésitation auxquelles se complaisent parfois des ingénues plus vulgaires.

Mrs Siddons, qui était l'amie et la confidente de ses filles, connut dès le lendemain la demande de Lawrence et la réponse de Sally. Elle ne fut pas sans éprouver une naturelle inquiétude. Elle connaissait Lawrence depuis dix ans et savait combien son caractère était devenu changeant et violent. L'homme de talent trouve dans la vie des indulgences analogues à celles qu'y rencontre le tyran; ses caprices sont tolérés; la loi devient faible contre sa fantaisie; il faut à sa femme, à sa maîtresse une résignation héroïque. Sous le sourire éternel de Lawrence se cachait mal une âme égoïste, exigeante.

Mais Mrs Siddons avait une si haute idée du caractère de sa fille qu'elle la jugeait capable de gouverner même cet homme difficile. Sally alliait la gravité la plus haute à l'enjouement le plus charmant. Elle était parfaite, et sa mère, en la regardant vivre, pensait à certaines femmes de Shakespeare, adorables, puériles et graves. Elle accorda donc en principe son consentement au mariage, mais, tenant compte de l'extrême jeunesse de Sally et voulant en même temps éprouver la solidité des sentiments de Lawrence, elle demanda que les fiançailles fussent longues, et que pendant un certain temps Mr Siddons ne fût pas mis au courant. Elle avait pris l'habitude de placer la vie de ses filles comme la sienne, à l'abri des commentaires assez plats de son mari.

Grâce à l'appui de Mrs Siddons, les deux fiancés purent se voir librement. Ils faisaient ensemble de longues promenades dans les parcs et les jardins de

Londres. Parfois Sally allait à l'atelier de Lawrence, qui prenait un grand plaisir à dessiner d'après elle mille croquis.

Maria, qui avait passé jusqu'alors tout son temps dans la compagnie de sa sœur, se trouvait ainsi souvent seule. Elle assistait au bonheur de Sally avec des mouvements d'âme assez confus. Elle sentait plus vivement que personne la beauté simple et profonde du caractère de sa sœur, et elle aimait celle-ci tendrement, mais elle ne pouvait s'empêcher de lui envier la conquête qu'elle avait faite d'un homme que toutes deux, depuis leur enfance, jugeaient inimitable. En quelques mois elle avait changé de façon surprenante; à côté de la divine perfection de sa mère et de sa sœur, elle trouvait moyen d'étonner encore par quelque chose de sauvage et de passionné qui manquait peut-être à ces deux femmes.

Il y a quelque chose de bien enivrant pour une jeune fille dans la naissance de son propre charme. Elle passe soudain de la faiblesse obscure de l'enfance à la conscience d'un pouvoir sans bornes. Près d'elle, les hommes les plus forts se troublent. Elle sent que par un mot, par un geste, elle peut les faire pâlir. C'était un plaisir auquel Maria, dès qu'elle l'eut connu, sentit bien qu'elle ne pourrait plus jamais résister. Elle n'était pas retenue comme sa sœur par une grande force morale ou religieuse. Elle pensait peu; elle avait des mouvements de jeune animal joueur et taquin. Quand sa mère voulait lui parler de sujets sérieux ou élevés, elle écartait adroitement la question par une caresse: elle était frivole et charmante, sans force pour le sacrifice.

Ah! qu'elle était tentée d'essayer son pouvoir sur Mr Lawrence lui-même! A des signes imperceptibles, elle croyait deviner qu'il n'eût pas été très loin de reconnaître ce pouvoir. Sally, imprudente, avait trop laissé voir combien elle aimait cet homme terrible qui ne supportait pas l'absence d'obstacles. Déjà les baisers qu'elle lui permettait, devenus habituels, le décevaient. L'artiste, l'admirateur passionné de la beauté des femmes, trouvait un plaisir délicieux à épier le visage de la très jeune fille, essayant de percer par de frêles, par d'imperceptibles mouvements, le visage de l'enfant. Il eût désiré fixer sur une toile cette grâce mouvante et délicate. Il disait souvent que sa grande ambition eût été de représenter le rose de la pudeur qui monte parfois aux joues des jeunes filles, mais il avouait qu'aucun peintre n'avait pu y réussir.

Plusieurs fois il demanda à sa fiancée d'emmener Maria avec eux en promenade, ce que Sally fit ingénument, ce que Maria accepta avec une joie silencieuse et trouble. Son adresse ingénue irritait la curiosité de Lawrence. Il semblait que l'art de la coquetterie, si étranger à Sally, fût chez Maria naturel et comme inné. Sally, ayant donné son amour, ne souhaitait plus que le bonheur de son amant; Maria offrait, comme en se jouant, mille faveurs qu'elle refusait ensuite, brusquement offensée par des gestes qu'elle avait elle-même provoqués. Lawrence, maître en coquetterie, s'animait à ce jeu. Sally lentement se laissait pousser par ces nouveaux acteurs du drame vers un siège de spectateur indulgent et naïf. Pendant longtemps elle ne vit pas que l'amour, metteur en scène diabolique et fantasque, venait de lui reprendre son rôle.

Bientôt une complicité inconsciente unit Lawrence et Maria. Sur beaucoup de sujets, leurs goûts s'accordaient et s'opposaient à ceux de Sally. Celle-ci aimait les robes simples, les formes classiques et qui n'étonnaient pas; Lawrence et Maria ne craignaient pas l'étrange et trouvaient plaisir à surprendre. Tous deux désiraient la vie fastueuse, l'éclat des réceptions, les salons; Sally souhaitait une petite maison, le soin des enfants, de rares amis. Elle ne tenait guère à l'argent et voulait que Lawrence peignît chaque année un petit nombre de portraits parfaits. Maria encourageait plutôt le goût naturel du jeune peintre pour les portraits brillants, vite exécutés, bien payés. Bien que Sally fût naturellement silencieuse, et prît grand soin de ne jamais mettre en jeu l'essentiel, sans cesse elle se trouvait maintenant en conflit avec son fiancé. Maria, sans en avoir le dessein précis, ramenait toujours l'entretien sur des thèmes si dangereux pour le bonheur de sa sœur, si favorables à son propre esprit.

Lawrence devint nerveux, irritable, violent. Avec Sally il se montrait parfois d'une incroyable dureté. Il se le reprochait ensuite. "Vraiment, se disait-il, je suis fou! Elle n'a pas un défaut. Mais puis-je supporter que l'autre m'échappe?" Il était, comme presque tous les hommes de son espèce, jaloux de toutes les femmes. Son incapacité de choix était surtout une volonté de possession indéfinie et multiple. Mais il était prêt à renoncer plus facilement à Sally qu'à Maria, parce qu'il se sentait plus maître d'elle. L'amour de Sally était capable de survivre à une trahison; cette sécurité, pour un homme comme Lawrence, doublait la tentation de trahir.

Cependant ces sentiments restaient à l'état de mouvements confus et il n'osait se les avouer. Dans ses meilleurs moments, il se jugeait sévèrement. Devant sa glace, de son œil si accoutumé à prendre la mesure d'un visage, il se regardait sans indulgence : "Oui, pensait-il, il y a de la décision dans la bouche et dans le menton, mais c'est une décision non fondée en raison, voluptueuse, toute bestiale." Divisé contre lui-même, il cherchait à contenir son désir. Mais les hommes y sont maladroits, et la sensualité prisonnière trouvait pour s'échapper mille déguisements qui trompaient mal des femmes amoureuses.

Sally, qui était l'esprit le plus ferme des trois, fut la première à reconnaître, à la qualité de certains silences, que la situation devenait insupportable et que son amant aimait sa sœur. Mélancolique, tout de suite résignée, elle pensa : "C'est bien naturel... Elle est plus jolie...plus vivante, plus agréable que moi... Ma gravité ennuie et je ne puis la secouer. Je ne le désire même pas."

Presque tous les soirs, Maria, fatiguée, se couchait tôt, et Sally venait bavarder près de son lit. Elles aimaient ces longues causeries. A la fin de l'une d'elles, Sally demanda tendrement à sa sœur si elle était certaine de ne pas aimer Mr Lawrence. Maria rougit violemment et ses yeux pendant un moment cessèrent de fixer ceux de Sally. Aucune autre explication ne fut nécessaire entre elles.

Au moment où Sally lui dit qu'il était libre, Lawrence joua sincèrement une grande scène de désespoir. Il protesta, puis avoua. Elle l'engagea à aller voir Mrs Siddons et à demander la main de Maria.

VI

Quand Maria fut certaine de la victoire elle éprouva un sentiment de triomphe qui lui parut délicieux; elle ne pouvait s'empêcher de danser, de chanter et de sourire à tous les miroirs. La pensée du chagrin possible de Sally troublait à peine son bonheur, "Pauvre Sally, se disait-elle. Elle ne l'a jamais aimé. Saura-t-elle un jour ce qu'est l'amour? Elle est si froide, si raisonnable..." Elle pensait aussi: "D'ailleurs est-ce ma faute? Qu'ai-je fait pour attirer Mr Lawrence? J'ai été moi-même, rien de plus. Fallait-il feindre la sottise?"

Sally elle-même, examinant sa conduite et l'état de son esprit, se demandait: "Comment ai-je pu supporter de perdre ce que j'aime plus que moi-même? Suis-je, comme semble le penser Maria, incapable de passion? Pourtant, si je pouvais, en donnant ma vie, retrouver pour une heure, pour dix minutes, l'amour de Mr Lawrence, j'accepterais la mort avec joie. Il n'est rien que je ne sois prête à faire pour lui; je sens que c'est surtout pour son bonheur que je me suis effacée, et cela Maria ne l'aurait pas fait. Je crois que je l'aime mieux qu'elle. C'est comme ma mère; on la dit froide, mais je sais, moi, de quel sentiment fort et profond elle nous aime."

Quelquefois, elle se reprochait de n'avoir pas mieux montré à Lawrence, d'abord son amour, puis sa douleur: "Mais non, pensait-elle encore, il m'était impossible de gémir et de me plaindre; mon naturel, à moi, est d'accepter et de me taire. Quand une chose est faite, à quoi bon pleurer?"

Les deux nouveaux amants ne savaient comment expliquer à Mrs Siddons l'incroyable changement qui s'était produit; Sally offrit de le faire elle-même et s'y employa avec beaucoup de persévérante sagesse. Mrs Siddons fut à la fois stupéfaite et mécontente. Elle connaissait depuis longtemps l'inconstance de Lawrence; elle en recevait là une preuve redoutable; quel mari pourrait faire un tel homme? Elle l'avait accepté pour Sally qu'elle croyait capable de le dominer et au besoin de supporter des temps difficiles, mais qu'allait devenir avec lui une enfant capricieuse et volontaire? Maria, d'autre part, était très délicate; sa toux persistante inquiétait les médecins. Était-il sage de la marier?

"Le bonheur, dit Sally à sa mère, aura le plus heureux effet sur sa santé; déjà depuis huit jours qu'elle se sait aimée, elle est toute différente, plus gaie, plus solide même.

— Jamais votre père, dit Mrs Siddons, ne consentira à cette union. Vous savez quelle importance il attache à ce que ses filles soient assurées d'une fortune suffisante pour vivre; les dettes de Mr Lawrence sont élevées, je le sais; Marie est incapable de régler les dépenses d'une maison; ils seront très malheureux.

— Mr Lawrence travaillera, dit Sally. Tout le monde dit que bientôt il sera le seul portraitiste de ce temps; Maria est très jeune; elle deviendra plus sage."

Elle sentait si vivement que son devoir était de ne pas se laisser convaincre par des arguments qui eussent flatté sa passion, qu'elle allait jusqu'à réfuter ceux qu'au fond de son cœur elle savait inattaquables. Cette discussion se prolongea pendant plusieurs semaines; la santé de Maria parut en souffrir. Elle toussait

davantage, avait de la fièvre tous les soirs, maigrissait.
L'inquiétude fit enfin céder Mrs Siddons; elle autorisa
des visites, des lettres, des promenades, et, pour que Mr
Siddons ne s'aperçût de rien, Sally accepta d'être la
messagère entre les deux fiancés.

— Heureuse Maria! pensait-elle. Elle jouit du bonheur le plus grand que puisse espérer une femme.
Pourvu, mon Dieu, que l'amour de Mr Lawrence ne
s'évanouisse pas comme celui qu'il avait pour moi,
maintenant qu'il ne rencontre plus d'obstacles! Il
s'ennuie si facilement dès qu'on lui accorde ce qu'il
désire!

Le mieux qui avait paru dans la santé de Maria au
moment où Mrs Siddons avait donné son consentement
ne dura pas. Le médecin n'avait jamais beaucoup cru
à cette guérison sentimentale; le pouls était inquiétant,
le mot "poitrinaire" fut prononcé. Sally supplia qu'on
n'en dît rien à Mr Lawrence, qui aurait trop souffert
en apprenant le danger que pouvait courir celle qu'il
aimait. Quand le docteur jugea nécessaire de main-
tenir Maria à la chambre, Lawrence fut admis à la
visiter chaque jour. Sally tenait compagnie à sa sœur
et se retirait dès qu'on annonçait l'arrivée de Mr
Lawrence. Elle allait alors s'asseoir à son piano et
essayait de jouer les airs qu'elle aimait, mais ses doigts
s'arrêtaient, elle rêvait: "Ah! se disait-elle, que j'accepterais volontiers la maladie de Maria, même dan-
gereuse, même mortelle, pour avoir aussi son sort!"
Elle trouvait dans ces sentiments désespérés une joie
étrange et pure.

Quelques jours après et au moment où, suivant son
habitude, elle quittait la chambre, Lawrence la pria de

rester. Après un instant d'hésitation, et comme il insistait, elle y consentit. Le lendemain, il lui adressa la même prière, et, un peu plus tard, lui demanda de chanter pour lui comme autrefois. Elle avait une voix ravissante et composait elle-même des mélodies sur des poèmes d'amour. Quand elle eut fini de chanter, Lawrence resta assis près du piano dans une attitude de profonde rêverie. Enfin Maria lui adressa la parole; il secoua la tête, parut revenir de très loin et se tournant vers Sally, lui parla avec empressement de ses chants nouveaux. Maria, surprise, essaya d'attirer son attention en montrant un peu d'humeur, mais il n'y prit pas garde.

Elle changeait alors rapidement; après avoir maigri, elle prenait maintenant un aspect bouffi, un teint jaunâtre. Il lui semblait parfois que son amant la regardait avec une sorte d'irritation. Lawrence lui-même comprenait mal ce qui se passait en lui. Il cherchait la beauté vive et fraîche de l'enfant qu'il avait désirée, et ne trouvait qu'une malade flétrie. Il était incapable d'aimer une femme laide. Ses visites quotidiennes l'ennuyaient; elles mettaient un obstacle dans chacune de ses journées. Enfermée tout le jour, Maria ne savait rien de ces historiettes de Londres qui, seules, divertissaient le jeune peintre mondain. Elle voyait bien qu'il devenait moins attentif, que ses compliments se faisaient rares; elle se désolait, et son amour sombre ennuyait encore davantage. Si Sally n'avait été présente, Lawrence n'aurait pu supporter cette contrainte, et peut-être même aurait-il cessé de venir. Mais bien malgré lui, Sally l'attirait. La résignation immédiate avec laquelle elle avait accepté l'abandon, et surtout le naturel parfait avec lequel elle lui répondait, étonnaient cet homme si habitué à être aimé passionnément; il y avait dans cette froideur un mystère qu'il ne pouvait comprendre. L'aimait-elle encore? Il en doutait parfois, et aussitôt désirait la reconquérir.

Six semaines après le jour où il avait obtenu de Mrs Siddons un consentement hésitant, il lui demanda un entretien hors de la présence de ses filles. "Je vois maintenant clair en moi, lui dit-il; la vérité est que je n'ai jamais aimé que Sally. Maria est une enfant qui ne me comprend pas, qui ne pourra jamais me comprendre. Sally est faite pour être ma femme. Elle a hérité de cette perfection du visage, de cette harmonie du caractère que j'admire en vous depuis mon enfance. ...Comment ai-je pu commettre cette erreur? Vous êtes une artiste; vous devez le comprendre. Vous savez combien nous prenons facilement, nous autres, pour des réalisations, les fantaisies de notre esprit; nous sommes esclaves de notre humeur beaucoup plus que les autres hommes. Je n'ose parler à Sally, mais il faut que vous le fassiez. Si d'ailleurs je ne l'obtiens pas, je ne vivrai pas plus longtemps."

Mrs Siddons fut bien surprise par ce nouveau revirement de Lawrence, et lui reprocha de jouer avec les sentiments de deux jeunes filles délicates, auxquelles ces fantaisies de son esprit pourraient coûter la santé, et même peut-être la vie, mais, comme il continuait à parler de suicide, elle montra quelque hésitation. Sans doute, la situation lui paraissait-elle moins étrange qu'elle n'eût paru à une mère ordinaire. Habituée par le théâtre aux combinaisons d'événements les plus rares et les plus compliquées, elle distinguait mal cette tragédie de celles qu'elle avait si souvent représentées à la scène, et elle acceptait le dénouement proposé par le héros avec une professionnelle indulgence. D'ailleurs la comédie lui avait appris qu'en amour un refus avive toujours l'ardeur. Lawrence restait pour elle le type idéal de l'homme; jamais sentiment ne lui avait été aussi agréable que l'admiration respectueuse, la douce flatterie dont il l'entourait. Elle était prête à pardonner au bel ange déchu ce qu'elle n'eût pardonné à aucun autre. Après bien des incertitudes, elle accepta une fois encore de parler à ses filles.

Maria reçut le coup tout autrement que n'avait fait Sally. Elle sourit faiblement et dit quelques phrases ironiques sur les changements de Mr Lawrence. Puis elle n'en parla plus. La pauvre petite était orgueilleuse et mettait sa fierté à cacher sa douleur. Elle dit seulement qu'elle souhaitait ne jamais rencontrer cet homme et demanda si Sally avait, elle, l'intention de le recevoir.

Sally s'efforça de la rassurer; elle n'avait pu apprendre l'étonnante nouvelle sans un sentiment de joie délicieuse. En un instant, inconstance, faiblesse, tout avait été oublié. Elle aimait trop pour ne pas trouver mille excuses à la conduite de Lawrence. Malgré toute sa sagesse, elle ne pouvait résister à la tentation toute-puissante de croire vrai ce qu'elle désirait et, à son tour, elle se persuadait que Maria n'avait jamais aimé. Il y fallait tout l'aveuglement de la passion, car le changement qui se produisait dans la jeune fille avec une prodigieuse rapidité montrait combien elle avait été atteinte. Elle était devenue sombre, pessimiste; elle, si frivole et si gaie, ne parlait plus que de la vanité de la vie et de l'inconstance des choses humaines.

— Je crois que je ne vivrai plus longtemps, disait-elle.
Et comme sa mère, le médecin protestaient:

— Oui, reprenait-elle, c'est peut-être une erreur,
c'est peut-être nerveux, mais je ne puis m'empêcher
de le penser. Et quelle importance cela aurait-il? Cela
m'éviterait beaucoup de souffrances. Je ne suis pas
faite pour les supporter; je n'ai pas de résignation, et
ma courte vie a été assez malheureuse pour que j'en sois
lasse jusqu'à la mort.

Lawrence demanda avec insistance à voir Sally. Elle
lui écrivit: "Vous ne pouvez être sérieux quand vous
parlez de revenir à la maison; ni Maria, ni moi-même
ne pourrions le supporter. Pensez-vous que, bien
qu'elle ne vous aime pas, elle n'éprouverait pas des
sentiments désagréables en vous voyant accorder à une
autre des attentions qui furent si longtemps siennes?
Pourriez-vous, vous-même, supporter de les accorder?
Pourrais-je supporter de les recevoir?"

Mais si attentive qu'elle fût à épargner l'amour-
propre de sa sœur, elle éprouvait un désir fou de revoir
Mr Lawrence; avec le consentement de sa mère, elle
arrangea une entrevue secrète. La veille, elle acheta une
bague, qu'elle porta tout le jour, qu'elle embrassa, et
qu'elle remit à Mr Lawrence en le priant de la garder
aussi longtemps qu'il l'aimerait.

De nouveau, ils prirent l'habitude de se rencontrer,
aux premières heures du matin ou au crépuscule, pour
de longues promenades dans les jardins. Elle allait
aussi lui rendre visite à son atelier, et lui chantait les
mélodies qu'elle avait composées pendant leur récente
séparation. "Croyez-vous, lui disait-elle, quand il la
complimentait sur la beauté toujours plus grande de sa

voix, croyez-vous que j'aurais chanté et composé ainsi
si je ne vous avais pas connu? Vous viviez dans mon
cœur, dans ma tête, dans chacune de mes idées, et
pourtant alors, vous ne m'aimiez pas... Mais tout cela
est oublié."

Cependant, dans la chambre toujours close qu'elle
infectait de son haleine, Maria dépérissait de plus en
plus. Le printemps commençait. Des rayons de soleil
tournaient lentement autour de la malade. Debout à
la fenêtre, elle enviait les petites mendiantes qui
couraient dans la rue. "Il me semble, disait-elle, que
tout en ce moment renaît dans cette lumière, sauf moi.
Ah! si je pouvais être dehors, une heure seulement,
dans le vent frais, je sens que je serais de nouveau moi-
même. Vraiment je ne désire rien d'autre."

Tant de résignation mélancolique chez un être qui,
quelques mois auparavant, avait été si gracieusement
avide de plaisir, effrayait beaucoup Mrs Siddons; elle
ne s'avouait pas de façon précise les horribles événements qu'elle craignait, mais anxieuse, agitée, ne pou-
vant partager ses soucis avec Mr Siddons qui les
ignorait, ni avec Sally dont elle ne voulait pas troubler
le bonheur, elle ne trouvait plus guère de repos que
dans une étude passionnée de ses rôles.

On jouait alors une pièce traduite de l'allemand:
L'Étranger, de Kotzebue. C'était l'histoire d'une femme
coupable à laquelle son mari pardonnait. Tant de
hardiesse, de nouveauté soulevaient beaucoup de
critiques. Si telle indulgence était applaudie, que
devenait le septième commandement, celui qui assurait
le bonheur domestique de toutes les nations chrétiennes?
Mais Mrs Siddons jouait ce personnage avec tant de

délicate pudeur, qu'il était impossible de ne pas l'accepter. Pour elle, elle aimait le rôle parce qu'elle pouvait y pleurer beaucoup. Elle trouvait alors un grand soulagement dans ces larmes de théâtre.

VII

L'été vint. Maria ne cessa pas de tousser et de dépérir. Le malheur l'avait rendue douce et craintive; souvent elle demandait à Sally de chanter pour elle, et en entendant cette voix pure, elle se sentait à la fois plus mélancolique et plus calme. Elle ne voulait voir personne, surtout pas d'hommes. "Je veux être tranquille et bien portante, disait-elle; je n'aurai plus jamais d'autre désir."

Quand le temps devint chaud, les médecins conseillèrent de l'envoyer au bord de la mer. Mrs Siddons, retenue par le théâtre, ne pouvait y aller avec elle, mais elle avait, dans la petite ville de Clifton, une amie très chère et très ancienne, Mrs Pennington, qui accepta de se charger de Maria.

Mrs Pennington et Mrs Siddons, quand elles s'écrivaient commençaient leurs lettres par: "Chère âme." Ce trait ne révélait rien sur Mrs Siddons qui l'avait emprunté à Mrs Pennington, mais il était singulièrement dans le caractère de son amie. Mrs Pennington avait conscience d'être une âme. Elle était capable de grands dévouements, mais se complaisait dans le spectacle de sa bonté. L'intelligence affectueuse avec laquelle elle s'occupait des affaires de ses amis n'attendrissait personne plus qu'elle-même. Elle aimait beaucoup les confessions, celles des autres. Elle écrivait de très belles lettres qu'elle relisait avec admiration avant de les envoyer.

Mrs Siddons, en lui confiant Maria, lui raconta l'histoire malheureuse des amours de sa fille, histoire faite pour émouvoir et pour enchanter Mrs

Pennington. Être mêlée à une tragédie de famille était pour elle un plaisir de choix, l'occasion la plus belle de montrer les ressources de cette âme si noble.

Maria parut heureuse de partir, mais une jeune fille amie en lui disant adieu, ayant ajouté: "Vous allez faire des conquêtes à Clifton," elle prit aussitôt une expression de dégoût: "J'ai horreur de ce mot, dit-elle. C'est un sujet de plaisanterie atroce." Elle embrassa sa sœur avec beaucoup de tendresse, et la regarda longuement comme si elle cherchait à interpréter son visage.

La bonne Mrs Pennington fit de son mieux pour distraire la malade; elle essaya de longues promenades en voiture; elle lui décrivit dans son plus beau langage la mer, le ciel et les champs. Elle lui lut à haute voix des romans à la mode, et même, faveur insigne, des copies de ses meilleures lettres. Elle la soigna avec un dévouement parfait. Elle s'était attachée sincèrement à cette belle et triste jeune fille qu'elle voyait chaque jour décliner davantage. Elle aurait cependant aimé à recevoir une récompense de ses soins; il lui semblait que tant de maternelle et sentimentale affection eût mérité des confidences. Or, Maria ne lui disait rien. C'était en vain que d'alléchantes amorces étaient jetées adroitement dans la conversation; la jeune fille s'en écartait aussitôt pour se diriger vers les eaux dormantes et inoffensives de la banalité.

Parfois elle laissait échapper un mot, une phrase qui montrait une profonde amertume. Si Mrs Pennington lui lisait dans un journal de Londres des nouvelles du prodigieux et pathétique succès que sa mère continuait

à obtenir dans *L'Étranger*, elle disait en soupirant:
"N'est-il pas étonnant que l'on désire pleurer au
théâtre, comme s'il n'y avait pas dans la réalité assez de
raisons de pleurer?"

Mais dès que la bonne dame affriandée voulait
prendre prétexte d'un tel abandon pour la confesser,
elle se repliait. Elle ne se refusait pas à parler de
Lawrence dont elle décrivait le caractère avec mépris,
mais sans faire aucune allusion à ses relations personnelles avec lui. La cause de l'anxiété secrète qu'elle
laissait voir ne pouvait être sa santé; elle disait volontiers que la mort lui apparaissait comme une délivrance.
Il y avait dans son esprit quelque pensée inavouée
qu'il était impossible d'atteindre.

Enfin Mrs Pennington imagina une épreuve qui,
pensait-elle, devait faire sortir Maria d'une réserve qui
rendait leurs rapports moins intimes et moins agréables
pour toutes deux qu'elle ne l'eût souhaité. Elle fit
choix, pour leurs lectures, d'un roman de Mrs Sheridan
dans lequel le héros, sorte de Lovelace, courtise en
même temps, sans en aimer aucune, les deux filles de
sa bienfaitrice. L'épreuve était ingénieuse. Souvent un
être meurtri, croyant sa douleur singulière, la cache
comme une plaie honteuse. Retrouver chez d'autres
êtres les mêmes passions et les mêmes souffrances le
délivre et le délie.

Maria entendit cette lecture avec une émotion grandissante. Penchée en avant, appuyée sur sa main, les
yeux humides, elle écoutait Pénélope Pennington qui
guettait le moment des confidences. Quand on en vint
au passage qui rappelait d'une façon si surprenante
l'une des scènes les plus pénibles de sa propre vie, elle

ne put se contenir et dit: "Arrêtez, Madame, je vous
en prie, je ne puis plus; c'est mon histoire."

Alors les souvenirs si longtemps contenus sortirent
en flots; elle raconta le double abandon, la double
trahison de Mr Lawrence; elle avoua la haine qu'elle
éprouvait pour lui; enfin, elle laissa deviner à Mrs
Pennington bouleversée et ravie, la cause de son
anxiété. Elle était hantée par la crainte de voir sa sœur
épouser Lawrence. Elle dit qu'une telle union lui ferait
horreur, parce qu'elle était certaine du malheur de
Sally avec cet homme faux et méchant.

La bonne Mrs Pennington qui savait par Mrs
Siddons ce que Maria ignorait, c'est-à-dire que Sally
et Lawrence se revoyaient comme autrefois, essaya de
plaider et de convaincre Maria qu'il fallait laisser toute
liberté à sa sœur. "Si elle l'épouse, dit Maria, j'achèverai
dans le désespoir le peu de temps qui me reste à vivre."

La voyant si farouche, Pénélope Pennington, toute
agitée de délectable compassion, écrivit à Mrs Siddons
une de ses lettres les plus achevées pour lui expliquer
ce qui se passait, et pour lui recommander d'obtenir
de Sally la promesse de ne pas s'engager tant que sa
sœur serait malade. "Je vois bien, ajoutait-elle, combien
il y a de dépit inconscient et de jalousie inavouée dans
le cas de cette malheureuse enfant, mais elle est terri-
blement atteinte, et il faut tenir compte de son état
pour bien juger sa conduite."

Elle trouvait d'ailleurs très légitimes les craintes
qu'exprimait Maria au sujet du bonheur de Sally avec
un homme si capricieux; vraiment il semblait que ce
fût un des cas où l'autorité d'une mère peut et doit
s'exercer utilement.

"Ma chère amie, répondit Mrs Siddons, vous avez
analysé le caractère de votre pauvre malade avec une
profondeur de pénétration, une délicatesse de per-
ception, et une douce indulgence, qui m'étonnent et
me charment à la fois. Oui, ô la meilleure des amies et
la plus aimable des femmes, vous la voyez telle qu'elle
est, et vous sentez combien il a été difficile, dans le cas
de cette chère créature, de mêler en justes proportions
le blâme et la tendresse... Sally va mieux, et je vous
remercie sincèrement de la sollicitude que vous avez
montrée pour son bonheur. J'ai fait, chère amie, tout ce
qu'il était possible de faire; même avant votre admirable,
votre excellente lettre, je lui avais indiqué mes doutes
et mes craintes. Avec elle, le bon sens et la tendresse
n'ont pas besoin de souffleur; tout en me confiant
ingénument son amour, elle se rend compte aussi bien
que nous de la conduite blâmable de Mr Lawrence, et
elle a dit que, même en laissant Maria tout à fait en
dehors de la question, elle sent le poids des objections
qui tendent à s'opposer au mariage. Vous voyez donc
que l'autorité d'une mère, si j'étais disposée à l'exercer,
serait inutile ici."

Au moment où cette lettre arriva, la pauvre Maria
venait d'avoir une crise violente, et le médecin n'avait
pas caché à Mrs Pennington qu'elle ne pourrait vivre
longtemps. Comme Mrs Siddons, retenue par son
engagement, ne pouvait venir, Sally se hâta d'accourir
auprès de sa sœur. Avant de quitter Londres, elle pria
sa mère de dire à Mr Lawrence qu'il devait renoncer
à tout espoir de l'épouser. Elle appuya cette décision
sur des motifs si sages, si nobles, que Mrs Siddons
ne put s'empêcher de lui dire: "Mon doux ange,

mon admirable enfant, comment pourrai-je assez
t'applaudir?"

Quand Mrs Siddons se fut acquittée du message de
Sally, Lawrence la quitta comme un fou, en disant
qu'on verrait bien où sa passion allait le conduire. Mrs
Siddons crut comprendre qu'en apprenant l'état déses-
péré de Maria, état qui pouvait en partie avoir été causé
par ses cruels caprices, il éprouvait des remords si
affreux qu'il songeait à se tuer. "Le malheureux,
pensa-t-elle. Oui, s'il croit qu'elle meurt par sa faute,
ses souffrances doivent être insupportables."

A ce moment, Lawrence venait d'exposer à la Royal
Academy un tableau qui représentait précisément cette
scène du *Paradis Perdu* toujours si chère à Mrs Siddons,
"Satan évoquant ses légions au bord d'un océan en
flammes." Les meilleurs critiques décrivaient ce
tableau de la façon qui suit: "Un confiseur dansant au
milieu de sa mélasse qui a pris feu." Les meilleurs
critiques prenaient Lawrence moins au sérieux que ne
faisait Mrs Siddons; la vérité était que dans ce tableau,
Lucifer ressemblait aux Kemble, à John, à sa sœur, à
Sally, à Maria. Le peintre était évidemment obsédé
par ce type.

Il se dirigea vers Clifton, et, d'un hôtel de cette ville,
adressa à Mrs Pennington une longue épître dans
laquelle tous les sentiments étaient armés de majuscules.
Il l'y suppliait de transmettre un message à cette
créature parfaite, adorable, qu'était Sally; il lui demandait de veiller à ce que celle-ci ne prît pas d'engagements solennels envers sa sœur mourante: "Si vous
êtes généreuse et délicate, disait-il (et vous devez l'être
car ces qualités s'unissent toujours aux talents), non

seulement vous m'excuserez, mais vous me rendrez le service que je vous demande."

Pénélope Pennington aimait assez qu'on parlât de ses talents : elle accepta de voir Lawrence.

VIII

Il y a toujours un grand plaisir à se sentir héroïque, mais l'héroïsme par procuration est la variété la plus pure de ce plaisir. Mrs Pennington arriva au rendez-vous prête à tous les sacrifices pour le compte de Sally, et étrangement excitée par l'approche d'un combat dont le bonheur d'une autre était le prix.

Mr Lawrence commença la conversation sur le mode mélodramatique : avec des gestes de fou, de grands éclats de voix, il menaça, si on ne lui permettait pas de voir Sally, de se suicider devant la porte.

— Monsieur, dit Mrs Pennington froidement, j'ai déjà vu cette comédie mieux jouée ; si vous voulez mon amitié, si vous désirez que je vous aide dans la mesure où je pourrai le faire sans nuire aux filles de mon amie, ayez une conduite rationnelle et soyez maître de vous.

— Maître de moi ! dit-il en joignant les mains, et en levant les yeux au ciel, est-ce vraiment une femme qui me parle ? seul un homme, et un homme vulgaire, pourrait avoir une conduite rationnelle quand il s'agit de tout ce qu'il aime ! Oui, Madame, oui, je suis fou ; mais d'une folie bien naturelle. J'ai la terreur de les perdre toutes deux, car, après Sally, ce que j'aime le mieux au monde, c'est Maria.

— Monsieur, dit Mrs Pennington, je me montre sans doute extrêmement masculine et vulgaire en essayant d'employer ma raison pour traiter un tel sujet, mais je dois vous avouer que j'ai pris l'habitude de penser par moi-même, et que j'attache à tout ce fatras d'amour et de suicide toute l'importance que me permet de lui accorder une expérience de quarante années. Je com-

prends très bien comment vous souhaiteriez trouver
les femmes : naïves, faibles et tremblantes devant vous.
Mais Sally n'est pas de ce modèle, bien qu'elle soit,
elle, féminine et tendre. J'ai parlé de ces choses avec
elle bien souvent, et devant son extraordinaire sagesse,
sa douceur sans pareille, je n'ai pu retenir, si peu femme
que je sois, des larmes d'admiration et d'amour. Vous
avez adopté un mauvais système, Monsieur, et Sally
n'est pas une fille que l'on conquière par menaces et
par violence.

— Ne voyez-vous pas, Madame, votre cruauté ?
Vous me dites : " Soyez calme, car personne ne vaut ce
que vous allez perdre ! Restez maître de vous, car ses
charmes sont innombrables ! Pourquoi vous agiter ainsi
puisque rien ne pourrait l'émouvoir ? Vous adoptez un
mauvais système, car elle ne cédera pas à la violence ! "
A la vérité, Madame, je ne me suis pas demandé quelle
serait la manière la plus politique de m'assurer son
affection ; elle est partie, je l'ai suivie, et je ne quitterai
pas la place avant de l'avoir revue.

— Il y a tant de méthode dans votre folie, cher
Monsieur, que je suis convaincue que vous pouvez très
bien, si vraiment vous le voulez, la dominer.

Mr Lawrence criait, comme certains enfants, en
regardant parfois du coin de l'œil si ses cris produisaient
bon effet. Un regard lui montra qu'il faisait fausse route.

— Chère Madame, dit-il, je vois que vous êtes bonne :
je suis peintre et j'ai l'habitude d'interpréter les traits ;
sous le masque de dureté que vous voulez porter
aujourd'hui, j'entrevois des yeux tendres et pitoyables.
Vous voyez que j'aime profondément Sally ; vous
m'aiderez ; vous nous aiderez.

— Oui, dit Mrs Pennington touchée, vous êtes un grand magicien, Mr Lawrence, et j'avoue franchement que vous m'avez devinée. J'ai reçu dans ma vie beaucoup d'amères leçons qui m'ont appris à dominer un caractère naturellement enthousiaste, mais ces leçons n'ont guéri que ma tête, mon cœur conserve toute sa jeunesse. Je n'ai pu voir les mouvements de passion qui vous agitent sans désirer vous consoler.

Sur quoi, ils firent amitié. Elle obtint qu'il quittât Clifton sans avoir vu Sally; mais elle promit de le tenir au courant de tout ce qui se passerait.

— Que pense Maria de moi? lui demanda-t-il encore.

— Maria? Elle dit quelquefois: "Je ne souhaite aucun mal à Mr Lawrence, et je lui pardonne."

— Sally m'aime-t-elle encore? Voilà ce que je voudrais savoir. Dans les intervalles de son chagrin, comment pense-t-elle à moi?

— Elle dit que son âme est si pleine des devoirs tragiques que le présent lui impose qu'elle se refuse à penser à l'avenir. Nous parlons souvent de vous, parfois avec des éloges qui vous feraient plaisir, parfois en regrettant que tant de dons soient gâtés par l'étrangeté de votre caractère. Je ne puis vous en dire plus long.

Cependant après un silence elle ajouta: "Le présent est une barrière entre vous et Sally, l'avenir lui-même est couvert d'obstacles, mais non pas peut-être insurmontables. Dominez votre passion, Mr Lawrence; tâchez d'acquérir de la résignation et de la dignité. Peut-être alors arriverez-vous à mériter un jour la créature parfaite que vous aimez."

Le faible espoir qu'elle lui donnait était d'essence tragique. Ce qui pouvait, dans l'avenir, rapprocher ces deux amants, c'était la mort de Maria. C'était bien ainsi que Lawrence l'avait entendu. "Hélas! pensait-il, c'est affreux; mais aussi c'est inévitable: Sally souffrira; moi-même je souffrirai. Mais j'oublierai vite, et tout s'arrangera."

Il quitta Clifton sans scandale. Mrs Pennington eut le sentiment d'avoir remporté une grande victoire et ne parla plus du jeune Lawrence que d'un air pitoyable et protecteur.

Il devenait malheureusement trop certain que le terrible événement auquel elle avait fait allusion ne pourrait être évité. La toux augmentait; les jambes enflaient; les traits de Maria s'altéraient dans un visage d'une blancheur cireuse. Sally et Mrs Pennington s'efforçaient de lui cacher la gravité de son mal. Elles maintenaient autour de la mourante une atmosphère de gaîté et de confiance. Sally lui chantait des mélodies de Haydn, de vieux airs anglais; Mrs Pennington lui faisait la lecture; toutes deux s'étonnaient de se sentir heureuses, d'un bonheur fragile et fugitif, mais extra- ordinairement pur. Maria elle-même atteignait à une grande sérénité. Elle paraissait tout à fait rassurée sur l'objet de ses craintes. Quand elle parlait de Mr Lawrence à sa sœur, ce qui était rare, elle l'appelait "notre ennemi commun." Elle ne pouvait se lasser de musique.

Les jours devinrent plus courts; le vent d'automne siffla tristement dans les cheminées où brûlaient les premiers feux; de grandes bandes de nuages effilochés passèrent devant la fenêtre de la malade. Elle se sentit plus mal. Sally et Mrs Pennington virent avec terreur disparaître, comme sous la main d'un modeleur invisible, les dernières traces de sa beauté. Elle demandait souvent son miroir. Un jour, après s'être longuement regardée, elle dit: "Je voudrais que ma mère fût ici. Le plus grand plaisir de ma vie a été de la contempler, et je ne l'aurai plus longtemps." Mrs Siddons, prévenue, interrompit ses représentations et vint aussitôt à Clifton.

Quand elle arriva, Maria ne pouvait plus ni manger, ni dormir. Sa mère passa auprès d'elle deux jours et deux nuits sans se reposer. La vue de ce beau visage qui, même dans la douleur la plus vive, gardait une imposante sérénité, parut adoucir les souffrances de Maria. Le troisième soir, vers minuit, Mrs Siddons, épuisée de fatigue, alla s'étendre sur un lit. Vers quatre heures du matin, Maria devint très agitée, et demanda à Mrs Pennington, qui était restée auprès d'elle, de faire appeler le docteur. Celui-ci vint, et resta près d'une heure. Quand il fut parti, Maria dit à Mrs Pennington qu'elle voyait bien maintenant la vérité et la supplia de ne rien lui cacher. Mrs Pennington lui avoua que le médecin, en effet, n'avait plus d'espoir. Maria la remercia de sa franchise avec beaucoup d'effusion et de grâce: "Je me sens beaucoup mieux, dit-elle fermement, et surtout beaucoup plus tranquille."

Elle parla de ses espérances et de ses craintes, "ces dernières, dit-elle, fondées sur le seul souvenir d'une excessive vanité qui lui avait fait prendre trop d'intérêt à sa beauté." Mais elle ajouta qu'elle comptait sur la merci de son créateur, et que, sans doute, le grand changement qui s'était produit dans son corps (ce disant, elle regardait ses pauvres mains décharnées) serait considéré comme une expiation suffisante.

Puis elle demanda à voir sa sœur. Quand on eut réveillé celle-ci, Maria lui dit combien elle lui était chère, combien elle aimait sa bonté. Elle n'avait, en mourant, qu'un souci, qui était le bonheur de Sally: "Promettez-moi, Sally, de n'être jamais la femme de Mr Lawrence; je ne puis supporter cette pensée.

— Chère Maria, dit Sally, ne pensez à rien qui puisse vous agiter.

— Non, non, insista Maria, cela ne m'agite nulle- ment, mais il est nécessaire à mon repos que tout soit dit là-dessus."

Sally lutta très longtemps, et finit par dire avec désespoir: "Oh! c'est impossible!"

Elle entendait qu'il lui était impossible de faire cette promesse, mais Maria comprit qu'elle jugeait en effet ce mariage impossible. "Je suis heureuse, dit-elle; je suis tout à fait satisfaite."

A ce moment Mrs Siddons entra; Maria lui dit qu'elle avait accepté la mort, et lui parla de la manière la plus admirable du grand changement d'existence qui était pour elle si proche. Elle demanda si on savait exactement combien de temps elle avait encore à vivre. Elle répéta plusieurs fois: "A quelle heure? A quelle heure?" Puis elle se reprit et dit: "Peut-être n'est-ce pas bien."

Elle exprima le désir d'entendre les prières des agonisants. Mrs Siddons prit le livre et lut ces prières lentement, pieusement, en détachant les mots avec une netteté si parfaite que Mrs Pennington, malgré l'émo- tion qu'elle éprouvait, ne put s'empêcher d'admirer la majesté surhumaine de cette diction.

Maria suivit la lecture avec une grande attention:

quand ce fut fini, elle dit: "Cet homme, mère, vous a dit qu'il a détruit toutes mes lettres: je ne crois pas à ses serments et je vous prie de les lui reprendre." Elle ajouta: "Sally vient de me promettre que jamais, jamais, elle ne l'épouserait, n'est-ce pas, Sally?"

Sally, qui pleurait, s'agenouilla près de son lit et dit: "Je n'ai pas promis, mon cher ange, mais je le promettrai, je le promets puisque vous l'exigez."

Maria dit alors avec beaucoup de solennité: "Merci, Sally. Ma chère mère, Mrs Pennington, soyez témoins. Sally, donnez-moi votre main. Vous jurez de ne jamais être sa femme? Ma mère, Mrs Pennington, mettez votre main sur la sienne... Vous comprenez? Soyez témoins... Sally, que cette promesse te soit sacrée... sacrée..."

Elle s'arrêta un instant pour reprendre haleine, puis reprit: "Souvenez-vous de moi, et que Dieu vous bénisse!"

Son visage retrouva alors un calme et une beauté qu'il n'avait pas eus depuis le commencement de sa maladie. Pour la première fois depuis de longues heures, elle se laissa retomber paisiblement sur son oreiller: "Mon amour, dit sa mère, l'expression de votre visage a en ce moment quelque chose de céleste."

Maria sourit, regarda Sally, Mrs Pennington, et voyant qu'elles avaient la même pensée, parut très heureuse. Elle demanda qu'on fît entrer les domestiques, les remercia de leurs soins, de leurs attentions, et les pria d'oublier son impatience et ses exigences. Une heure plus tard, elle était morte; un sourire léger et tranquille entr'ouvrait ses lèvres pâles.

IX

Le lendemain de la mort de Maria, le vent tomba. Un clair soleil mit sur toutes choses un air de gaieté lumineuse. Il semblait à Sally que l'âme pure et légère de sa sœur apaisait ce beau ciel d'automne. Elle ne pouvait détacher son esprit des images de cette mort. Le serment qui lui avait été arraché lui paraissait facile à tenir. Rien d'autre au monde n'existait qu'un souvenir affreux et doux. Son corps était épuisé; une violente crise d'asthme se déclara; sa mère la soigna avec un grand courage.

La douleur de Mrs Siddons était solennelle, simple, silencieuse. Ni les veilles, ni les larmes n'avaient altéré la sérénité de son visage. Elle donnait ses soins et son attention aux détails de la vie quotidienne avec une fermeté impassible. Ceux qui la connaissaient mal s'étonnaient de voir si calme, dans des circonstances si douloureuses, celle qui, mieux que personne, savait au théâtre pleurer des malheurs imaginaires.

Sa grande inquiétude était de savoir comment Lawrence accueillerait des nouvelles qui mettaient pour toujours fin à ses espoirs. Elle pria Mrs Pennington de lui écrire pour lui raconter les derniers moments de Maria, le serment exigé et accordé, et pour lui demander d'oublier. Elle pensait que ce récit tragique suffirait à lui imposer une attitude généreuse.

Mrs Pennington accepta la triste mission avec une sombre avidité. La conquête et la soumission du bel ange rebelle étaient un des épisodes les plus glorieux de sa vie; elle employa tout son art, qui était grand, à composer une lettre décisive. Puis elle l'envoya, très confiante.

Deux jours plus tard, elle reçut le billet suivant, écrit d'une grande écriture folle :

"Ma main seule tremble, non mon esprit; j'ai joué mon tout pour l'obtenir, et vous croyez qu'elle va m'échapper! Je vais vous dire un secret; elle m'échappera peut-être, mais attendez la fin.

Vous avez tous joué votre jeu admirablement!

Si vous racontez à un seul être vivant la scène si soigneusement décrite par vous, je poursuivrai votre nom de ma haine!"

Mrs Pennington relut plusieurs fois ces lignes avant de les comprendre : "Vous avez tous joué votre jeu admirablement." Que voulait-il dire? Que les trois femmes avaient imaginé ces histoires de serment pour se débarrasser de lui? Pouvait-il vraiment croire à une telle machination : "Vous avez tous joué votre jeu admirablement!" Le texte n'admettait pas d'autre sens... Une violente agitation s'empara de Mrs Pennington. L'homme qui, dans un tel moment, ne trouvait pas un mot de pitié pour la malheureuse qu'il avait si gravement offensée, et qui peut-être était morte de son inconstance, devait être une sorte de monstre. "Je poursuivrai votre nom de ma haine..." Qu'annonçait cette menace? Pensait-il venir l'attaquer jusqu'à chez elle? Voulait-il la poursuivre de calomnies et d'insinuations? Ce qui la blessait plus que tout, c'était que cet excès de fureur diabolique fût le prix de la lettre si belle qu'elle n'avait pu écrire qu'en pleurant. Pendant cette soirée, elle conçut pour Lawrence une haine violente qui ne fut pas sans grand effet sur la vie de celui-ci.

Elle commença par envoyer à Mrs Siddons l'abominable billet en la suppliant de prendre ses précautions. Il fallait prévenir Mr Siddons, John Kemble, tous les hommes de la famille, car seuls des hommes auraient la force nécessaire pour arrêter les entreprises d'un fou. Il ne fallait pas que Sally sortît seule; on ne savait à quelles extrémités pourrait en venir un caractère sombre, et que rien n'arrêterait.

Mrs Siddons, en recevant cette lettre, ne put s'empêcher de sourire. Elle jugeait la situation avec plus de sang-froid et d'indulgence. Sally elle-même ne blâma que faiblement des transports inspirés par l'amour qu'on avait pour elle. "Sans doute, se disait-elle, il a eu tort d'écrire une lettre aussi violente, et surtout de n'y exprimer aucun chagrin pour la mort de la pauvre Maria; mais il a écrit dans un moment de folie! J'imagine ce qu'il a dû penser en apprenant ce terrible serment quand je me souviens de ce que moi-même j'ai éprouvé en le faisant. A tout autre moment de ma vie, je n'aurais pu le prononcer." Elle écrivit à Mrs Pennington, qui répondit avec quelque animosité: "Un fou? Point du tout. Dès qu'on peut tenir une plume et former des caractères, on sait très bien ce que l'on fait."

Sally parla longuement de la situation avec sa mère; elles étaient d'accord pour trouver inutile la plupart des précautions suggérées par Mrs Pennington. Pourquoi prévenir Mr Siddons, si froid, et l'oncle Kemble, si théâtral? Leur intervention ne ferait qu'augmenter les difficultés. Mrs Siddons semblait tenir aussi à rassurer Lawrence qu'elle plaignait de tout son cœur. "Peut-être, dit-elle, serait-il bon de lui faire savoir que

vous n'épouserez jamais personne d'autre?" Mais Sally
ne le voulut pas.

Elle ne pouvait malheureusement conserver aucun
doute sur l'état de ses sentiments véritables. Malgré
tant de défauts, tant de dureté, tant d'imprudence, elle
aimait Mr Lawrence tendrement, et, si elle n'avait été
liée par un serment solennel, elle serait revenue à lui.
"Mais soyez tranquille, dit-elle à sa mère, je considère
cette promesse comme sacrée, et je la tiendrai; si même
je ne puis être maîtresse de mes sentiments (nul ne peut
se garder de ses sentiments, mais on peut répondre de
sa conduite), je serai fidèle à ma promesse."

Tandis qu'elle prononçait ces phrases, elle savait qu'en
les prononçant, elle se liait encore davantage; elle le
regrettait. "Que dis-je? pensait-elle. Et pourquoi? Pourquoi est-ce que je prépare mon martyre?" Mais elle ne
pouvait s'en empêcher; il lui semblait quelquefois qu'elle
était faite de deux personnes, une qui voulait et parlait,
une qui désirait et protestait, que la meilleure partie
d'elle-même contraignait la moins bonne à accepter des
décisions fermes et cruelles. Mais était-ce la meilleure?

Lawrence lui écrivit une lettre parfaitement raisonnable; il avait compris l'inutilité de la violence. Elle
lui répondit avec fermeté, mais sans rigueur. "Il n'est
coupable, dit-elle, que de m'aimer trop bien. Que
n'a-t-il pour une fois, plus d'inconstance?" Une
grande joie l'envahissait quand elle pensait: "J'ai tout
de même fixé ce cœur si volage!" Mais il lui suffisait
d'évoquer le regard heureux et doux de Maria pour ne
pas douter de son devoir.

Un jour comme elle allait à sa fenêtre, elle vit soudain
sur le trottoir d'en face Lawrence qui regardait vers sa

chambre. Elle recula brusquement jusqu'à ce qu'il ne
pût plus la voir. A ce moment, Mrs Siddons qui, dans
la chambre voisine mettait en ordre des tiroirs, appela
Sally pour lui montrer une robe qui avait appartenu à
Maria. C'était une de ces légères robes blanches à la
grecque dont la mode était venue de France. Toutes
deux pensèrent à la forme charmante qui avait gonflé
cette étoffe légère. Elles s'embrassèrent. Mrs Siddons
murmura très bas deux vers de son rôle de Constance:

> ...Grief fills the room up of my absent child,
> Stuffs out its vacant garments with its form...

Quand Sally revint dans sa chambre, et, de loin, jeta
dans la rue un regard rapide et furtif, Lawrence avait
disparu.

X

Pendant quelques mois, Lawrence essaya de se rapprocher de Sally, tantôt en lui écrivant, tantôt en lui faisant transmettre des messages par des amis communs. Elle refusait toujours de le voir: "Non, disait-elle, je me sens incapable de le traiter avec froideur, et je ne veux pas le traiter autrement." D'ailleurs elle pensait constamment à lui et prenait grand plaisir à imaginer entre eux de longues conversations où il lui disait son amour, son désespoir, son éternelle fidélité! Elle était capable de rêver ainsi pendant des journées entières, en regardant se balancer les feuilles et courir de légers nuages. Elle y trouvait un bonheur parfait.

Les assauts de Lawrence devinrent plus rares. De nouveau le fleuve du temps coula d'un mouvement uniforme et paisible. L'image de Maria flottait encore, angélique, et vaporeuse, entre les objets et la pensée. Mrs Siddons jouait des rôles nouveaux. Dans Isabelle, de *Mesure pour Mesure*, on la jugeait touchante et chaste; elle y portait une robe noire et blanche que copiaient toutes les femmes de Londres. Sally allait beaucoup au théâtre, visitait quelques maisons amies. Elle ne pouvait comprendre qu'après des événements aussi terribles, la vie pût continuer avec tant de simplicité. Pourtant il lui restait très pénible d'entendre prononcer les noms de Lawrence et de Maria, et elle tremblait quand, dans la rue, la silhouette d'un homme lui faisait craindre une rencontre qu'elle souhaitait et redoutait.

Vers le printemps, Lawrence cessa complètement de l'importuner de ses poursuites. Elle devint très mélancolique.

— Êtes-vous heureuse, lui disait sa mère ?

— Je suis toujours heureuse avec vous, répondait-elle.

Mais un regret immense l'envahissait.

Le courage qui ne l'avait jamais abandonnée dans le danger, faiblissait soudain devant l'accalmie. Elle ne pouvait délivrer son imagination de cette scène du serment. Elle se voyait toujours agenouillée près de ce lit, sa main dans cette main si maigre et si blanche. "Pauvre Maria, pensait-elle, elle n'aurait pas dû me demander cela. L'a-t-elle fait par sollicitude pour mon bonheur ? N'y avait-il pas en elle aussi un peu de jalousie envers moi, de ressentiment envers lui ?" Ce perpétuel retour des mêmes questions et des mêmes regrets épuisaient un corps naturellement fragile. Elle avait de fréquentes crises de toux, des étouffements qui effrayaient sa mère.

L'histoire de ses amours était maintenant connue par un certain nombre de leurs intimes. Les plaintes indiscrètes de Lawrence avaient révélé ce secret. Beaucoup, la voyant si évidemment malheureuse, lui conseillèrent de ne pas attacher une excessive importance à une promesse ainsi arrachée. Ces conseils ébranlaient parfois sa résolution. Elle se disait qu'elle sacrifiait sans doute sa vie, sa vie unique et brève, à un mot. Comment sa sœur délivrée de tous les liens de la chair, aurait-elle pu être jalouse ? Engagement suppose présence, exigence de celui envers qui on s'est engagé. Mais si l'ombre charmante de Maria errait invisible au milieu d'eux, pouvait-elle souhaiter autre chose que le bonheur de ceux qu'elle avait aimés ?

Bien que ce raisonnement lui parût assez difficile à

réfuter, elle continuait à éprouver le sentiment inexplicable et fort que son devoir était de tenir sa promesse contre toute raison.

Un jour cependant, elle se décida à écrire à Mrs Pennington, témoin et garant du serment, pour lui demander son avis. "Quelle valeur accordait-elle à tout cela?" Ah! combien Sally espérait que cette réponse encouragerait ses désirs.

Mais Mrs Pennington fut sans pitié. Les devoirs des autres, n'étant pas masqués pour nous comme les nôtres par la force des passions, nous apparaissent presque toujours avec une étonnante clarté.

"Ne nous trompons pas nous-mêmes, écrivit-elle, sur la nature positive de ce qui est bien et de ce qui est mal. Certainement la promesse de Sally à sa sœur, étant volontaire, la liait aussi fortement que peut le faire un engagement humain. Il n'y a pas de promesse arrachée, si ce n'est le pistolet sur la gorge. Sally était libre de rester silencieuse ou de refuser à sa sœur, de qui le sort était fixé. Rien, à ce moment-là, n'aurait pu être pour Maria une cause d'inquiétude pour plus de quelques heures. Quand Sally a décidé de lui accorder la satisfaction qu'elle lui demandait, elle l'a fait volontairement. En toute vérité et justice, elle doit en supporter les conséquences. D'ailleurs elle aura toutes raisons de bénir un mouvement sans doute inspiré par une intervention divine, et qui l'a sauvée d'une ruine certaine. Pourquoi attribuer cette demande de Maria à sa faiblesse, à un bas ressentiment, alors qu'au contraire elle n'a été faite qu'à un moment où Maria paraissait purifiée de toutes les faiblesses humaines? Pour moi, c'est bien plutôt une preuve de l'état d'illumination dans lequel elle s'est trouvée pendant toutes ses dernières heures."

Sally parut alors se résigner. Pourtant, si à ce moment Lawrence était revenu, si le hasard les mettant en présence, il avait pu et voulu lui dire quelques phrases chaleureuses, elle n'aurait pu s'empêcher de le suivre. Mais Lawrence ne revint pas. Les bavardages de la ville contèrent qu'il allait se marier, puis qu'il était amoureux de la beauté à la mode, Miss Jennings.

Sally tint beaucoup à voir celle-ci, et se la fit montrer un soir, au théâtre. Ses traits étaient réguliers et nobles; elle paraissait assez sotte. Mr Lawrence vint s'asseoir à côté d'elle; il avait l'air animé et heureux. En les voyant, une sorte de choc électrique secoua Sally, qui se sentit rougir. Comme elle quittait le théâtre, elle rencontra son ancien fiancé dans les couloirs. Il lui fit un petit salut correct et froid; elle comprit qu'il ne l'aimait plus. Jusqu'alors, elle avait espéré qu'il conserverait toujours pour elle, même sans espoir, une admiration lointaine, respectueuse et passionnée. Ce regard ne permettait plus de douter.

A partir de ce moment elle devint une toute autre personne, assez gaie en apparence, toute occupée de plaisirs frivoles, mais elle ne cessa de dépérir. Elle avait renoncé à chanter: "Je ne chantais, disait-elle, que pour deux êtres. L'un d'eux n'est plus, le second m'a oubliée."

L'automne revint. Le vent, sifflant dans les cheminées, évoqua les terribles heures où Maria agonisante se plaignait avec tant de douceur. Puis un clair soleil suivit, jour après jour, sa course glorieuse.

Mrs Siddons avait repris, à l'insu de Sally, des

relations normales avec Lawrence. Ayant eu besoin
d'un rouge carmin qu'elle avait l'habitude de se pro-
curer par lui, elle le lui avait fait demander. Il était
venu lui-même. Ils avaient retrouvé tout de suite le
ton de leurs anciennes causeries. Le peintre avait prié
l'actrice de venir voir ses tableaux; elle lui avait parlé
de ses derniers rôles. Il avait admiré la jeunesse d'un
teint que ni les ans ni les malheurs n'avaient pu altérer.
Dans ce visage parfait, son œil ne trouvait pas une ride.

XI

Longtemps on crut que les Français allaient envahir
l'Angleterre. Les spectateurs, pendant les entr'actes,
pensaient aux charpentiers de Boulogne qui clouaient
alors leurs radeaux. Le nom de Mrs Siddons continuait
à attirer de grands publics. Cependant les connaisseurs
jugeaient que son jeu devenait un peu mécanique. Elle
en était arrivée à ce degré de maîtrise dangereux où
le grand artiste, inconsciemment, imite lui-même sa
manière. Il y avait dans ses mouvements de passion
quelque chose d'adroit et d'ingénieux qui effarouchait
l'admiration. Elle-même se sentait parfois lasse jusqu'à
l'ennui de sa facile perfection.

Sally atteignait vingt-sept ans, âge où il est nécessaire
pour la femme de commencer à imaginer avec clarté ce
que peut être la vie d'une vieille fille. Elle y pensait
sans amertume. "D'abord, se disait-elle, je suis toujours malade, et je ne vivrai sans doute pas... Mais qui
sait? Peut-être à quarante ans regretterai-je une vie
trop vide, et ferai-je quelque grande sottise?" Cette
folle idée lui faisait prendre patience. La vérité était
qu'elle demeurait fidèle à l'unique sentiment qui avait
agité son âme. Elle appartenait au groupe des êtres
qui se font de l'amour une idée si belle qu'ils n'en
sauraient concevoir la fin, ni le recommencement. Elle
évitait soigneusement de montrer de la mélancolie et
passait au contraire, dans les salons où on la recevait
avec plaisir, pour une personne enjouée et agréable. On
remarquait aussi qu'elle était d'une grande indulgence
pour les faiblesses des autres, et en particulier pour les
faiblesses amoureuses. Elle entretenait un commerce

de tendre amitié avec plusieurs jeunes gens, et hors certains moments de crises d'asthme violentes et pénibles, ne paraissait pas malheureuse.

En 1802, la paix fut signée avec les Français, et toutes les routes se rouvrant, la vie normale reprit. Mr Siddons insista vivement pour que sa femme acceptât de faire une tournée d'un an en Irlande. Il tenait les comptes du ménage; les besoins d'argent étaient grands; les directeurs, à Londres, payaient mal. Bien qu'il fût pénible à Mrs Siddons de se séparer des siens pour un temps aussi long, elle comprit que ce sacrifice était nécessaire.

Pendant de longs mois, Dublin, Cork, Belfast, l'applaudirent dans *Lady Macbeth*, dans *Constance*, dans *Isabelle*. A ce public nouveau, les effets devenus familiers aux habitués de Drury Lane parurent spontanés et pathétiques. L'enthousiasme était grand, les recettes superbes. Les lettres de Sally arrivaient fidèlement, lettres raisonnables et gaies. Elle y parlait du théâtre, du monde, de ses robes. Cette feinte légèreté cachait une grande faiblesse physique et morale. Il lui arrivait de surprendre en elle certains symptômes qui avaient précédé les derniers mois de sa sœur. Elle pensait souvent à la mort sans terreur et sans regret. "Mourir, dormir, rien de plus..." La vie n'était plus pour elle depuis longtemps qu'une rêverie sans espoir. Elle se laissait doucement glisser vers le monde paisible des ombres.

Son père, qui la voyait dépérir, hésita longtemps à prévenir sa femme, mais au mois de mars 1803, les médecins jugèrent le danger si pressant qu'il se décida à écrire à une amie et camarade de tournée de Mrs

Siddons en lui recommandant toutefois de ne rien dire pour le moment. Cette femme, incapable de cacher son inquiétude, montra la lettre à Mrs Siddons qui décida aussitôt de rompre tous ses engagements pour aller soigner sa fille.

Quand elle voulut s'embarquer, elle apprit qu'une tempête affreuse agitait la mer d'Irlande et qu'aucun bateau ne pourrait traverser avant quelques jours. La bourrasque balayait sur la ville de sombres rideaux de pluie. Mrs Siddons offrit en vain de doubler, de tripler le prix du passage; aucun capitaine ne jugea possible de risquer son bateau dans cet ouragan. Contrainte d'attendre, elle continua ses représentations; le temps qu'elle passait au théâtre était la seule partie du jour pendant laquelle elle échappait à ses funèbres pensées. "Que se passe-t-il en ce moment? pensait-elle. Sally, quand je suis partie, paraissait assez forte; elle résistera sans doute... Mais c'est si fragile, une vie humaine!"

Elle passait de longues heures en prières, suppliant Dieu de lui laisser au moins la plus aimée de ses filles. Elle revoyait toutes les scènes de la mort de Maria, elle imaginait Sally seule, appelant sa mère. Les longs nuages noirs qui couraient rapidement à l'horizon évoquaient les derniers jours de Clifton. Le soir, le bruit des applaudissements marquait pour elle après chaque acte la fin d'un rêve réparateur, le retour à l'angoissante réalité. Après une semaine d'attente, elle put enfin traverser et partit en chaise de poste pour Londres. Au premier relai, elle apprit, par un message de Mr Siddons, que sa fille avait cessé de vivre.

Elle resta quelque temps dans cet état de prostration silencieuse qui accompagnait chez elle les plus affreuses douleurs, incapable même de répondre aux consolations de ses amis. Il lui était pénible de penser que peut-être ceux-ci la jugeaient insensible, alors que sa fille morte était toute sa pensée. Mais une invincible pudeur arrêtait de ses lèvres toute phrase autre qu'absurde ou ménagère.

Bientôt, à la grande surprise de tous, elle annonça qu'elle allait reprendre ses représentations, et demanda qu'on affichât le *Roi Jean*. Le jour venu, elle alla au théâtre, et s'habilla sans un seul mot.

Ceux qui virent ce soir-là Constance pleurer son fils Arthur emportèrent une inoubliable impression de beauté. Non seulement ils retrouvaient le talent de Mrs Siddons, mais ils reconnaissaient que jamais elle n'avait atteint cette hauteur. Telle était la sombre majesté des mouvements de la grande actrice, qu'il semblait qu'on vît avec elle entrer tout un cortège funéraire. Quand elle en vint à dire les plaintes de la vieille reine, elle eut le sentiment que pour la première fois, depuis la mort de Sally, elle pouvait enfin crier son amour, son horreur et son désespoir.

> Je ne suis pas folle! Plût au ciel que je le fusse!
> Alors sans doute je m'oublierais moi-même.
> En m'oubliant, quel chagrin j'oublierais!
> Si j'étais folle, j'oublierais mon enfant...

Enfin sa douleur prenait forme, le poète l'exorcisait, le rythme l'entraînait, la beauté la fixait. Ses larmes, trop longtemps contenues, s'échappaient, arrosaient ses joues d'un flot tiède, voilaient la salle aux mille têtes d'un brouillard tremblant et lumineux. Elle avait oublié le public et les acteurs qui l'entouraient. Le monde était une symphonie douloureuse que, violon, plainte, délivrance, dominait sa propre voix, et, comme parfois le hautbois ou la flûte chantent longtemps un chant solitaire que l'orchestre en vain cherche à noyer de son torrent sonore et tragique, ainsi tout au fond de l'âme de l'actrice, un instrument lointain, grêle et presque joyeux, répétait : "Je n'ai jamais été meilleure."

NOTES

P. 1. grange (*s.f.*), bâtiment des fermes destiné au logement des charrettes, des récoltes, et au battage des grains.

affichaient, mettaient sur les murs des feuilles de papier imprimées ou manuscrites pour donner au public connaissance d'une décision des autorités. (Défense d'afficher—Stick no bills.)

dehors (*s. m.*), apparence extérieure.

Mr Roger Kemble, le père de Sarah Kemble qui devint Mrs Siddons, et de John Philip Kemble le fameux acteur. Roger Kemble était le directeur d'une troupe de comédiens ambulants dont la réputation était plus respectable que celle de beaucoup de compagnies du même genre. C'est en parlant de Roger Kemble qu'on a parodié la prédiction de la sorcière à Banquo dans *Macbeth*:

"Thy children shall be actors, though thou be none."[1]

P. 2. Démiurge (*s. m.*). D'abord un souverain magistrat de certaines villes de la Grèce, ensuite les philosophes platoniciens donnèrent au créateur de l'univers le nom de Démiurge (du grec *demos*, peuple; *ergon*, travail).

mouchettes (*s.f.*), instrument dont on se servait pour faire donner aux chandelles une lumière plus brillante. Ce nom ne s'emploie pas au singulier.

P. 3. John Kemble (1757–1823), "The Great Kemble." Il naquit dans le Lancashire et mourut en Suisse. Son père Roger Kemble le destinait à la prêtrise, et l'envoya de bonne heure au séminaire de Douai. Bientôt, le jeune homme revint en Angleterre attiré par la profession d'acteur. Son père lui refusa toute assistance et John fit sa première apparition sur la scène à Birmingham, où jouait déjà sa sœur Sarah. Puis il alla de ville en ville jusqu'en 1784. A cette époque il débuta à Londres dans le rôle de Hamlet. Ce fut un succès immédiat. Quelques années après, il devint copropriétaire du Theatre Royal, Covent Garden. C'est là qu'il connut la gloire et qu'il interpréta d'une façon inimitable les rôles de Brutus, Coriolanus, Macbeth, et Lear.

[1] Oxberry's *Dramatic Biography*.

Douai, une ancienne ville située au nord de la France. Elle fut fortifiée au 17ᵉ siècle par Vauban. Elle devint fameuse par un nombre d'institutions littéraires, scientifiques et religieuses. C'est à Douai que le Cardinal Allen fonda le célèbre collège ou séminaire pour l'éducation des jeunes Anglais qui se destinaient à devenir prêtres de la religion catholique romaine. Ce séminaire fut adopté plus tard par l'ordre des Bénédictins. A l'époque de la séparation de l'Église et de l'État en 1904, le collège des moines de Douai vint s'établir en Angleterre dans le comté de Berkshire, où il existe encore sous le nom de "Douay Abbey."

jeune premier (*s. m.*), celui qui au théâtre joue habituellement les rôles de jeune amoureux, ou ceux de fiancé.

fatuité (*s. f.*), stupidité particulière aux gens qui ont une bonne opinion d'eux-mêmes.

congédia, donna congé, c'est-à-dire, renvoya.

ainsi qu'il sied, comme il est convenable. *Il sied* est la 3ᵉ personne du présent du verbe défectif *seoir* (lat. *sedere*) qui ne s'emploie plus guère qu'aux troisièmes personnes du singulier et du pluriel.

P. 4. **à-propos** (*s. m.*), petit discours en prose ou en vers, fait pour la circonstance.

coulisses (*s. f.*), partie du théâtre située derrière et de chaque côté de la scène, à l'extérieur, et qu'on ne voit pas de la salle de spectacle.

soufflet (*s. m.*), coup donné sur la joue avec la main ouverte.

clandestin, qui se fait en cachette et contre le désir des parents.

P. 5. **repasser**, passer un fer chaud sur du linge ou des étoffes pour les rendre plus unis.

lessive (*s. f.*), le lavage du linge ou des vêtements.

P. 6. **les planches** (*s. f.*). C'est ainsi que les acteurs désignent la scène sur laquelle ils jouent devant le public. Ne s'emploie qu'au pluriel.

ville d'eaux, ville où se prennent des eaux qui rétablissent la santé, Bath, Buxton, Spa, par exemple.

Miss Boyle. L'Honorable Miss Boyle était la fille de Lord Dungarvan.

Garrick (David) (1716–1779), le plus grand acteur de son temps. Il descendait d'une ancienne famille protestante et française de Bordeaux, qui vint s'établir en Angleterre à la révocation de l'Édit de Nantes (1685). Il fut élève de Samuel Johnson qui tenait alors école à Lichfield. Quand il eut 19 ans, le maître et l'élève partirent pour Londres, "Johnson avec cinq sous dans sa poche, Garrick avec trois sous dans la sienne." Malheureux en affaires, il essaya le théâtre. Il fit ses débuts à Ipswich, puis à Londres où son interprétation de Shakspeare le fit connaître, et l'enrichit. En 1747 il administra Drury Lane. Il débarrassa la scène de beaucoup de vulgarité, et il essaya de réaliser une correction dans les costumes, inconnue avant lui. Il a écrit quelques pièces, prologues et épilogues oubliées maintenant.

P. 7. **déclanché** ou déclenché, mis en mouvement dès le début.

la vieille garde, la troupe des actrices qui n'étaient plus dans leur première jeunesse.

la diligence. Les communications entre les grandes villes, alors que les chemins de fer n'étaient pas encore employés, se faisaient en diligences, ou grandes voitures qui, attelées de quatre, six ou huit chevaux, transportaient voyageurs et marchandises d'un endroit à l'autre.

cahots, les sauts que fait une voiture qui roule sur un terrain pierreux et mal entretenu.

résonnances religieuses, façons de traiter les choses et les gens, façons de se conduire comme dans une église.

P. 8. **Docteur Johnson** (Samuel) (1709–1784), un des écrivains anglais les plus éminents. Son père était libraire, et c'est sans doute au milieu des livres de la maison paternelle qu'il prit le goût de la littérature. Il étudia à Pembroke, Oxford, se maria et se fit maître d'école. Il vint à Londres et entra chez un libraire; il devint éditeur du *Gentleman's Magazine*. En 1738 il publia *London*, puis *Vanity of Human Wishes* (1749), enfin un *Dictionary of the English Language* auquel il consacra huit ans de sa vie. Il retrouva son ancien élève David Garrick, et bien que de caractère entièrement opposés, ils ne se séparèrent qu'à la mort, qui pour Johnson eut lieu le 13 décembre 1784. Il repose maintenant à Westminster Abbey.

doublure, celui ou celle qui joue le rôle d'un acteur absent.

il s'en faut d'un amant, il s'en faut de beaucoup, elle est loin de valoir sa réputation.

fâcheux, regrettable, ennuyeux.

maladresse, manque d'art, d'habileté, adj. *maladroit*.

P. 9. **il prodigua ses tours**, il donna plusieurs preuves de ses qualités d'artiste en interprétant différents rôles devant les spectateurs ébahis.

Hogarth (1697–1764). Il naquit à Londres d'un père maître d'école. Il se fit remarquer dès sa jeunesse par son aptitude au dessin. Il devint apprenti graveur. Puis il fit les illustrations pour quelques livres, et il abandonna la gravure pour la peinture. En 1731 il est célèbre avec ses peintures murales. En 1746 un portrait qu'il fit de Garrick dans *Richard III* réalisa deux cents livres, la somme la plus considérable qu'un artiste anglais eût jamais reçue pour un seul portrait, à cette époque. Malgré les fréquentes discussions qu'il eut avec ses contemporains, il fut considéré, et on le considère encore, comme un peintre excellent, pur et harmonieux dans ses couleurs, un graveur spirituel et vigoureux. Ses œuvres: *Marriage à la mode*, *Sigismunda*, *Son propre portrait* sont à la National Gallery; ses *Rake's Progress*, *Election Scenes* sont au Sloane Museum. Ses *March to Finchley*, *Captain Coram* sont au Foundling Hospital, etc.

Fielding (1707–1754). Il naquit dans le Somersetshire d'une ancienne famille qui remontait aux ducs d'Alsace, fameux au 7e siècle. Il fit des études à Eton et à l'université de Leyden en Hollande. Il revint en Angleterre avec une comédie appelée *Don Quixote in England*, qui ne fut jamais jouée dans sa forme originale. Il connut ses premiers succès en 1728 à Drury Lane, où en plus de quelques comédies, dues entièrement à sa plume, il adapta pour la scène anglaise quelques-unes des œuvres de Molière, entre autres *Le Médecin malgré lui* et *L'Avare*. Il devint administrateur du Haymarket Theatre. En 1749 il publia son chef-d'œuvre, *The History of Tom Jones the Foundling*, puis deux ans après, *Amelia*, qui eut un succès formidable. Une vie assez orageuse, un travail acharné, abrégèrent ses jours qu'il finit à Lisbonne, où il était allé chercher le soleil et la santé.

corbeille (*s. f.*), petit panier rond ou ovale dans lequel les pâtissiers mettent les gâteaux.

Elseneur ou Elsinore, un petit port du Danemark, situé sur la côte de l'est de l'île de Zélande. C'est là que Shakspeare a placé l'une des scènes de *Hamlet*. Elsinore était l'endroit où naquit Saxo Grammaticus, aux ouvrages duquel Shakspeare a emprunté le sujet le *Hamlet*. La population superstitieuse d'Elsinore montre encore aux voyageurs crédules, un tas de pierres entouré d'arbres et qui est supposé contenir les restes de Hamlet, et tout à côté, le ruisseau d'Ophélie.

nuance (*s. f.*), différence délicate et presque insensible qui se trouve entre deux choses du même genre (Littré).

P. 10. **une inconnue**. Autrefois lorsqu'une actrice jouait pour la première fois à Londres, on ne mettait jamais son nom sur l'affiche. Lorsque Mrs Siddons parut à Londres le 29 décembre 1775, elle fut annoncée ainsi: "A young lady, her first appearance."

P. 12. **Cimmériens**, un peuple nomade de l'antiquité, qui habitait près de la mer d'Azof, et de la Crimée. Les Cimmériens étaient supposés avoir rempli de terreur l'Asie Mineure, avant Homère. Ils envahirent plus tard l'Ionie, et s'emparèrent de Sardi, la capitale de la Lydie.

Homère parle d'un peuple mythique qu'il appelait les Cimmériens, et qui habitaient une région brumeuse et obscure près du lac Averne, ou selon d'autres écrivains, en Espagne. Leur pays était si brumeux et sombre, que l'expression "l'obscurité cimmérienne" est devenue proverbiale.

P. 13. **Lawrence**, le père de Sir Thomas Lawrence. Il était aubergiste, d'abord à Bristol, puis à Devizes, où il tint l'hôtellerie de l'Ours noir jusqu'en 1782, l'année de sa faillite. Il se posait comme ami des lettres, lisait Shakspeare et montrait la plus grande indulgence pour son fils prodige Thomas. Il lui faisait réciter aux voyageurs des poèmes de Milton, et même dessiner leur profil parfois fort ressemblant, ce qui les enthousiasmait et les faisait revenir à l'hôtellerie.

corinthien, terme d'architecture pour désigner l'ordre le plus riche du style qu'employaient les Grecs dans leurs constructions artistiques; le second ordre était le dorique, le troisième, l'ionique, etc.

bal avec cotillon, la dernière de toutes les danses d'un grand bal. Grâce à l'ingéniosité et à la bonne humeur de l'hôte et des invités, le cotillon a plusieurs formes, plusieurs figures, pendant lesquelles les danseurs s'amusent avant de se séparer.

P. 14. **Lawrence** (Sir Thomas) (1769–1830). Il naquit à Bristol. Il était encore très jeune, lorsque, grâce à son talent précoce, il aidait sa famille à vivre en faisant les profils des voyageurs qui fréquentaient l'hôtellerie que tenait son père. Il fit ses débuts à Oxford comme portraitiste au crayon. Il se rendit à Bath, puis à Londres, où, remarqué par Reynolds, il étudia à la Royal Academy. A la mort de Sir Joshua il devint le Peintre du Roi, et par suite, celui de l'aristocratie de l'Angleterre et du continent. Il visita toutes les cours de l'Europe, et à son retour à Londres il fut nommé président de l'Académie de peinture. Il ne se maria jamais.

Ses meilleurs tableaux sont dans la Waterloo Gallery à Windsor.

Son plus fameux portrait, *Master Lambton*, qu'il peignit pour Lord Durham, est maintenant à la National Gallery. Les portraits qu'il a faits de Mrs Siddons se trouvent à la National Gallery et à la National Portrait Gallery.

choyait, du verbe *choyer*, soigner avec une tendre sollicitude, entourer de bontés.

velouté (*s. m.*), doux au toucher, comme le velours.

P. 16. **échantillon** (*s. m.*), exemple, modèle, spécimen.

P. 17. **actions de grâce** (*s. f.*), prières adressées à la Divinité comme remerciements.

Sheridan (Richard) (1751–1816). Il naquit à Dublin, où il fit des études qui furent pénibles. Il ne fut guère plus brillant à Harrow. Après une série d'aventures romanesques, il épousa la célèbre cantatrice Miss Linley, et quelques années plus tard il faisait jouer *The Rivals* à Covent Garden. Il devint l'associé de Garrick, et tous les deux administrèrent Drury Lane. En 1777 parut son chef-d'œuvre, *The School for Scandal*, puis une de ses pièces les plus spirituelles, *The Critic*. Il fut envoyé par la ville de Stafford à la Chambre des Communes, en 1780, et sa carrière politique fut brillante, grâce à sa puissante éloquence. Il vendit Drury Lane, et avec le produit de la vente il acheta une belle propriété dans le comté de Surrey. Il fit des placements hasardeux, et avec l'âge il perdit beaucoup de ses pouvoirs; son influence politique diminua, puis finit par disparaître; enfin, le 7 juillet 1816 il mourut presque dans la misère, abandonné de tous, et affligé par la maladie de sa femme qui se mourait auprès de lui.

P. 18. **roué** (*s. m.*), un homme habitué à la grande vie, souvent sans principe et sans moralité. Ce mot fut inventé sous la régence du duc d'Orléans, qui dura de 1715 à 1723, pour désigner les jeunes gens qui par leur conduite scandaleuse méritaient le supplice de la roue.

Reynolds (Sir Joshua) (1723–1792), le fondateur de l'école de peinture anglaise. Il naquit dans le Devonshire, où son père, le révérend Samuel, était maître d'école. Il étudia la peinture à Londres, puis à Rome, où il s'enthousiasma pour Raphael et Michel Ange. De retour à Londres, il s'établit comme peintre de portraits, et il devint bientôt le peintre à la mode. A la création de l'Académie de peinture en 1768, il en fut unanimement nommé le président. En 1780 il commença les dessins du célèbre vitrail de la Chapelle de New College à Oxford, et en 1784 il fit un portrait de Mrs Siddons en muse tragique. Ce tableau fut vendu 700 guineas, une somme énorme pour l'époque. Frappé de surdité alors qu'il étudiait à Rome, il était presque aveugle quand il mourut. Il repose maintenant dans la cathédrale de St Paul.

Burke (Edmund) (1729–1797), un des plus grands noms de l'histoire de la littérature politique. Il naquit à Dublin, il fit ses études à Trinity College et vint à Londres où il publia en 1756 *A Vindication of Natural Society*. En 1774 la ville de Bristol le nomma au Parlement. C'est là qu'il joua un très grand rôle dans la politique de son temps. La sympathie naturelle qu'il avait pour le bon ordre et l'humanité l'entraîna à publier ses *Reflexions on the French Revolution*, qui lui créèrent beaucoup d'ennemis, même parmi les membres de son parti. C'est un des rhétoriciens les plus distingués des temps modernes.

Fox (Charles) (1749–1806). Il naquit à Londres. C'était le troisième fils de Henry Fox, premier Lord Holland. Il fit des études à Eton, puis à Oxford. Il fit un voyage sur le continent, et se trouva mêlé à l'aristocratie de son temps. En 1768 il entra au Parlement et il se fit remarquer par son opposition à la politique du roi George III. En 1783 il fut nommé secrétaire d'État sous le ministère du duc de Portland. Fort éloquent il fut vite distingué, et après avoir pendant quelque temps abandonné la politique, il fut de nouveau nommé secrétaire d'État, à la mort de Pitt, en 1806 dans le ministère de "Tous les Talents." Il mourut la même année.

P. 19. **Milton** (1608–1674). C'est à Londres qu'il naquit. Son père, écrivain public, s'occupa beaucoup de l'éducation de son fils. Il entra comme étudiant à Christ's College, Cambridge, à 16 ans, et il y resta jusqu'en 1632. Il fit, en Europe, un voyage au cours duquel il rendit visite à Galilée, qui était alors prisonnier de l'Inquisition, à Florence. Après une absence de 15 à 16 mois, il revint en Angleterre absorbé par la poésie. Il avait déjà publié le *Comus*. A ce moment, Cromwell remplissait l'Angleterre de ses exploits et de son nom. Il offrit un secrétariat d'État à Milton, qui l'accepta. Il avait alors 40 ans. Quelques années après il devint complètement aveugle. Il resta cependant comme secrétaire de Cromwell pendant tout le Protectorat. Il dut reprendre sa vie privée à la Restoration, et après avoir miraculeusement échappé à l'échafaud, il fit paraître son fameux *Paradise Lost*, puis le *Paradise Regained*, *Samson Agonistes*, etc.

P. 20. **agaçait**, du verbe *agacer*, causer une irritation nerveuse; ennuyer.

coqueter, faire le galant, le spirituel.

grincheux, de mauvaise humeur; toujours prêt à critiquer. Cet adjectif s'emploie assez rarement, et n'est pas dans le dictionnaire de l'Académie.

croquis (*s. m.*), petits dessins faits à la hâte, soit au crayon, soit à la plume.

P. 21. **Calais**, une ville située au nord de la France, presque en face de Douvres. C'était une forteresse de première classe qui a joué un grand rôle, et à différentes

NOTES 75

époques, dans l'histoire de France. Assiégée en 1346 par
le roi Édouard III, Calais resta la possession de l'Angleterre
jusqu'en 1558; à cette date le duc de Guise reprit la ville
pour le roi de France.

révolution, la Révolution française, qui avait commencé
le 5 mai 1789, à la réunion des États Généraux.

P. 22. **Mirabeau** (1749-1791). C'était le fils d'un écono-
miste français, le marquis de Mirabeau. Il eut une jeunesse
orageuse, pendant laquelle il voyagea dans les campagnes de
France, et se rendit compte de la misère endurée par les
paysans. Il fut nommé membre du Tiers-État pour la ville
d'Aix. Habile, audacieux, énergique, éloquent, la Révolution
lui fournit l'occasion qu'il cherchait, de se venger d'une
aristocratie dégradée, d'une noblesse qui affectait de le
mépriser. Son éloquence violente lui valut le surnom de
Mirabeau Tonnerre. Il obtint bien vite une popularité
immense qu'il garda jusqu'au bout. Il déchaîna la Révolution,
mais il mourut trop tôt pour en arrêter les excès. Il fut
enterré au Panthéon, ce temple que l'Assemblée Nationale
venait de consacrer aux Grands Hommes, au nom de la
Patrie reconnaissante.

Robespierre (1758-1794). Il représenta la ville d'Arras
aux États Généraux, comme membre du Tiers-État. Il crut
conquérir la gloire du premier coup. On se moqua de lui,
et cela le fit refléchir. Il devint membre du Comité du
Salut Public, et il exerça, après la mort des Girondins et de
Danton, une véritable dictature, jusqu'à sa mort sur l'échafaud
en 1794. Il acquit vite une réputation d'homme intègre qui
fit de lui l'idole de la foule, le Grand Homme de la Ré-
publique. Il fit régner le régime de la Terreur jusqu'au
moment où la Convention le mit hors la loi et l'envoya à la
guillotine le 27 juillet 1794.

sans détours, d'un caractère franc, ouvert.

P. 23. **ingénues**, jeunes filles qui laissent voir avec naïveté
leurs sentiments.

enjouement (*s. m.*), gaieté, bonne humeur.

plats, des commentaires qui manquent d'esprit, quelquefois même de bon goût.

P. 24. **enivrant**, quelque chose qui exalte, qui charme.

taquin, qui éprouve du plaisir à discuter pour contrarier; verbe *taquiner.*

P. 25. **metteur en scène,** celui qui prépare les décors, costumes, etc. pour une pièce de théâtre.

P. 30. **poitrinaire,** toute personne qui souffre de la poitrine, dont les poumons sont attaqués et malades.

P. 31. **bouffi,** enflé, gonflé. Certaines maladies causent un gonflement du visage; et ceux qui en souffrent prennent un aspect bouffi.

P. 33. **dénouement** (*s. m.*), la conclusion, le point où aboutit et se résout l'intrigue ou l'action d'un drame ou d'un roman; du verbe *dénouer.*

P. 34. **crépuscule** (*s. m.*), la partie du jour encore éclairée, après le coucher du soleil.

P. 35. **Kotzebue** (August Friedrich von) (1761–1819), un écrivain allemand né à Weimar, la capitale du Grand-duché de Saxe-Weimar. Il fit des études de droit, et ses premiers ouvrages firent quelque bruit. Il publia plus de cent pièces de théâtre qui sont presque toutes oubliées aujourd'hui. *L'Étranger* eut un certain succès à Londres.

Kotzebue se fit remarquer par l'amertume avec laquelle il attaqua Goethe (1749–1832). Il partit pour la Russie en 1816 d'où il lança de violents écrits satiriques contre Napoléon. De retour en Allemagne, il se moqua ouvertement des prétentions de ses compatriotes, qui réclamaient des institutions libres. Il fut assassiné par un étudiant fanatique, qui voyait en Kotzebue un traître à la patrie.

P. 37. **bien portante,** en bonne santé. Cette expression vient de la formule bien connue, "Comment vous portez-vous?"

P. 38. **alléchantes amorces** (*s. f.*), des insinuations remplies de promesses agréables.

P. 39. **affriandée,** attirée par la promesse de quelque chose d'agréable ou d'avantageux; adj. *friand.*

Mrs Sheridan (Frances) (1724–1766). Elle naquit à Dublin, son père était le Révérend Dr Philip Chamberlaine. Son frère aîné Walter fit son instruction, et à l'âge de 15 ans Frances écrivit un roman, *Eugenia and Adelaide.* A l'occasion du "Kelly riot" à Dublin en 1745, elle prit parti pour Thomas Sheridan (1719–1788) qui l'épousa en 1747. Ils vinrent à

Londres où ils firent la connaissance de plusieurs hommes de lettres, entre autres Samuel Richardson, qui encouragea Mrs Sheridan à publier son roman *Miss Sidney Bidulph*. Cet ouvrage fut chaleureusement reçu, loué par Dr Johnson, et traduit en français par l'Abbé Prévost, sous le titre *Mémoires pour servir à l'histoire de la vertu*. Mrs Sheridan fit jouer à Drury Lane, par Garrick, une comédie, *The Discovery* (1763). Elle accompagna son mari en France, où tous les deux se retirèrent à Blois. C'est là qu'elle mourut après avoir publié *A Journey to Bath*, *The History of Nourjahad*, etc. Richard Sheridan était son fils.

Lovelace (1618–1658), poète anglais qui écrivit à l'âge de 16 ans une comédie, *The Scholar*, et à 21 ans une tragédie, *The Soldier*. Mis en prison à l'époque de la séparation du Roi et de son Parlement, il en sortit "sur parole" et servit dans les armées du roi de France. Il prit part au siège de Dunkerque et revint en Angleterre où de nouveau il dut rentrer en prison. Il en sortit avec un volume de poésies, *Lucasta*.

P. 41. **souffleur** (*s. m.*), celui qui dans un théâtre est chargé de secourir la mémoire des acteurs.

P. 42. **confiseur** (*s. m.*), celui ou celle qui fait et vend des bonbons, des sucreries diverses.

mélasse (*s. f.*), espèce de sirop qui reste après la cristallisation du sucre.

majuscule (*s. f.*), grande lettre, lettre capitale.

P. 44. **par procuration**, au nom et à la place des autres, mais avec leur autorisation.

fatras (*s. m.*), un amas confus de choses différentes.

P. 46. **tenir au courant de**, donner une connaissance exacte des événements à mesure qu'ils arrivent.

P. 47. **cireuse**, de la couleur jaunâtre de la cire, matière jaunâtre et molle avec laquelle les abeilles construisent leurs gâteaux de miel.

Haydn (Joseph) (1732–1809), un des compositeurs les plus célèbres du 18e siècle. De très bonne heure, son goût pour la musique fut si prononcé, qu'un oncle entreprit son éducation. En 1752 il fit la connaissance de Gluck (1714–1787), qui eut une grande influence sur sa vie. Il devint le chef d'orchestre du prince Paul Esterhazy à Vienne et il composa pour ses concerts de nombreuses mélodies, symphonies, quartettes, sonates, même quelques opéras. Il eut Beethoven comme élève; mais les deux artistes n'étaient pas souvent d'accord, et ils se séparèrent.

Haydn vint à Londres et à Paris en 1791, et ses visites furent de véritables triomphes. Il mourut à Vienne, pendant l'occupation de la ville par les armées de Napoléon, et nombreux furent les officiers français qui suivirent son cortège.

effilochés, comme des fils de soie sur la lisière d'une étoffe.

P. 57. **accalmie** (*s. f.*), calme, tranquillité, absence d'agitation et de bruit.

ébranlaient, mettaient en désordre, en mouvement; du verbe *ébranler*.

P. 59. **bavardage** (*s. m.*), causerie ou conversation indiscrète et sans intérêt.

couloir (*s. m.*), corridor, passage d'une pièce à une autre.

à l'insu de, la chose n'étant pas connue de.

P. 61. **Boulogne**, une ville du nord de la France, située sur la Manche. A l'ouest du port, on voit encore l'énorme dock creusé par Napoléon pour y faire construire son immense flottille de bateaux plats ou radeaux qui devaient transporter sur les côtes d'Angleterre les armées qui devaient envahir ce pays.

effarouchait, remplissait de crainte et de défiance.

P. 62. **1802.** Après la campagne d'Égypte, et les succès de Napoléon dans l'Italie du nord, l'Angleterre et la France étaient prêtes pour la paix qui fut signée à Amiens. L'Angleterre abandonnait ses dernières conquêtes excepté Ceylan et La Trinité. La France gardait la Belgique et ses frontières du Rhin. "C'était une paix, disait un contemporain, dont chacun était content, mais dont personne n'était fier."

P. 63. **bourrasque** (*s. f.*), coups de vent impétueux, mais de courte durée.

P. 64. **Je ne suis pas folle.**
> I am not mad: I would to heaven I were!
> For then, 'tis like I should forget myself;
> O, if I could, what grief should I forget!
> . . . .
> If I were mad, I should forget my son.

(III, iv, 48–50, 57.)

Printed in the United States
By Bookmasters